REMARQUES CRITIQUES

SUR L'OUVRAGE DU CAPITAINE

SIBORNE,

INTITULÉ :

HISTOIRE DE LA GUERRE

DE 1815 EN FRANCE ET DANS LA BELGIQUE,

ET RÉFUTATION DES ACCUSATIONS QUI S'Y TROUVENT CONTRE L'ARMÉE NÉERLANDAISE,

PAR

W. J. KNOOP,

CAPITAINE D'INFANTERIE A L'ACADÉMIE ROYALE MILITAIRE.

TRADUCTION FRANÇAISE

PAR

P. G. BOOMS,

LIEUTENANT D'INFANTERIE A LA MÊME ACADÉMIE.

LA HAYE,

CHEZ LES HÉRITIERS DOORMAN,

LIBRAIRES DE S. A. R. MONSEIGNEUR LE PRINCE D'ORANGE.

1847.

Un officier anglais, le capitaine W. SIBORNE, a cru devoir enrichir la littérature militaire, d'une nouvelle rélation de la guerre de 1815 en *France* et en *Belgique*.

Les traits principaux de cette mémorable campagne sont trop bien constatés aujourd'hui, pour qu'il y ait lieu de croire qu'un ouvrage de ce genre puisse modifier d'aucune manière le jugement qui a été porté sur ces événements et sur les grands hommes qui y ont pris part.

Néanmoins dans ce vaste cadre viennent se placer une infinité de détails, d'épisodes, de particularités qui demandent encore des éclaircissements pour être parfaitement compris et appréciés, et sous ce rapport l'œuvre de SIBORNE pouvait être utile, et profiter à l'étude de l'histoire militaire de cette époque. Toutefois pour atteindre ce but, il fallait unir les connaissances nécessaires à l'historien et le respect dû à la vérité ; il fallait en un mot, se montrer: *Écrivain consciencieux, impartial et maître de son sujet.*

L'auteur a prouvé qu'il ne possédait aucune de ces qualités; son livre n'est autre chose qu'une misérable spéculation sur la vanité de ses compatriotes.

S'il n'y avait à lui faire que ce reproche ; si l'auteur n'avait offert au public militaire qu'un mauvais ramassis de toutes sortes de ridicules propos recueillis chez les individus et dans les endroits les plus obscurs, on pourrait sans doute se contenter de le mettre de côté et de l'ensevelir dans l'oubli avec tant d'autres productions que la médiocrité enfante journellement.

Mais SIBORNE a fait pis. Il a entassé mensonge sur mensonge, calomnie sur calomnie, afin de mettre sous le jour le plus odieux la conduite d'une partie des troupes alliées, qui a combattu à *Waterloo* et à *Quatre-Bras* avec l'armée anglaise.

Il nous importe peu de connaître les motifs qui ont pu pousser l'officier anglais à de si indignes et injustes accusations contre les troupes *Néerlandaises ;* mais il nous importait de confondre l'impudique effronterie d'un auteur de mauvaise foi, et voilà la tâche que s'est imposée le capitaine Knoop et qu'il a loyalement remplie.

Nous offrons à nos lecteurs la traduction française du travail remarquable de notre camarade ; nous l'offrons d'une manière toute particulière aux officiers d'une armée étrangére *à laquelle nous rattachent de glorieux souvenirs.* Nous leur offrons cette traduction, certains que nous sommes que, *juges éclairés, équitables et impartiaux*, ils trouveront avec nous, qu'en imprimant en caractères indélébiles les mots de :

menteur et calomniateur

sur le front de l'auteur anglais, le capitaine Knoop n'a fait que céder à la plus juste et légitime indignation.

La Haye, le 18 Janvier 1847.

La rédaction du journal : LE MILITAIRE.

LE MILITAIRE.

REMARQUES CRITIQUES

SUR L'OUVRAGE DU CAPITAINE SIBORNE,

INTITULÉ:

HISTOIRE DE LA GUERRE DE 1815 EN FRANCE ET DANS LA BELGIQUE,

ET RÉFUTATION DES ACCUSATIONS QUI S'Y TROUVENT CONTRE L'ARMÉE NÉERLANDAISE,

PAR

W. J. KNOOP,

Capitaine d'Infanterie à l'Académie Royale Militaire.

TRADUCTION FRANÇAISE

PAR

P. G. BOOMS,

Lieutenant d'Infanterie à la même Académie.

. . . .
Sachons du moins, veillant aux gloires paternelles,
Garder de tout affront, jalouses sentinelles,
Les armures de nos aïeux!

V. HUGO.

Les événements politiques du siècle précédent donnèrent lieu à ce que l'armée néerlandaise fit presque toujours la guerre en commun avec des armées étrangères; presque toujours elle eut la tâche ingrate de combattre comme partie d'une armée plus forte, et sous la conduite d'un chef étranger. C'est ainsi que les troupes néerlandaises ont combattu de 1795 à 1814 dans les rangs des armées françaises, et qu'elles ont su relever par leur valeur et leur discipline l'honneur d'une Patrie subjuguée. De glorieux souvenirs se rattachent à cette époque, et plus d'un de nos vétérans se rappelle encore avec bonheur les faits d'armes éclatants auxquels il prit part, et les preuves non équivoques d'estime qu'il reçut de ses frères d'armes français. Car, c'est une justice à leur rendre: ils honorent le mérite d'autrui, et savent apprécier la valeur et les vertus militaires, n'importe où elles se montrent; — souvent nos ennemis, ils ne furent jamais nos calomniateurs. Qu'on ouvre les récits de leurs historiens de l'époque où notre pays était uni à la France; qu'on lise les journaux et les ouvrages militaires français; et l'on trouvera des preuves en foule de la haute estime dont les troupes néerlandaises surent se rendre dignes. Les Chassé, les Tindal, les Janssens, les Dumonceau et tant d'autres chefs, dont l'armée néerlandaise s'honore, y reçoivent les plus grands éloges de plus d'un écrivain français; il n'y a pas encore longtemps que la mort d'un vaillant amiral (Verhuell) fut l'occasion d'un panégyrique, flatteur pour le sentiment national; et personne n'ignore combien Napoléon lui-même était prévenu en faveur des troupes néerlandaises servant sous ses drapeaux, qu'il estimait ces troupes presque autant que jadis les Césars romains leur garde batave. Comme Néerlandais nous considérons les années de 1795—1814 comme une époque où notre patrie fut opprimée et dominée par la France, mais néanmoins la justice nous force de reconnaître que, dans les rangs de l'armée française, nos compatriotes ont combattu à côté de frères d'armes et sous des chefs qui surent distinguer et apprécier largement et loyalement leurs mérites et leurs qualités éminentes.

Plus tard l'armée néerlandaise fut moins heureuse. En 1815 cette armée entrait en campagne avec des alliés opposés, et avec eux elle prit part à cette lutte à jamais mémorable de Waterloo, qui décida la chûte de Napoléon. Il s'en faut de beaucoup que la même justice ait été rendue aux troupes néerlandaises par leurs alliés d'alors, comme jadis par les généraux français. Leurs actions dans cette dernière lutte furent presqu'entièrement écartées; aussi longtemps que possible on leur a disputé, on a nié leurs justes prétentions à la victoire; et là, où l'on ne pouvait plus nier ni disputer, on a rapétissé de son mieux. Tous ceux qui ont écrit sur la campagne de 1815, tous les mémoires qui s'y rapportent parlent presque exclusivement des troupes allemandes et anglaises; des troupes néerlandaises, on n'en fait mention qu'en passant, — quelquefois même dans un langage hostile, — le plus souvent avec dédain, — jamais avec justice. Et, si la plume véridique et habile d'un de nos frères d'armes (van Löben-Sels) n'eût raconté avec exactitude et en détail les actions de nos compatriotes dans la campagne de 1815, on en viendrait peut-être un jour à se demander: une armée néerlandaise a-t-elle combattu à Waterloo?

Cette injustice dont nous nous plaignons est surtout sensible dans les récits de la campagne de 1815 qui nous viennent de nos amis *d'Outre-mer;* nous ne voulons pas disputer aux admirateurs du *peuple anglais* quelques qualités éminentes de ce peuple; nous reconnaissons volontiers que plus d'une fois il fit preuve d'une énergie et d'un patriotisme incomparables; mais nous n'avons trouvé que peu ou point d'occasions à remarquer, que ce peuple honore le mérite d'autrui, qu'il rend justice à ce que d'autres peuples ont de grand et de noble. Au contraire, nous ne rencontrons que trop souvent chez ses orateurs, chez ses écrivains un esprit carthaginois d'envie nationale et de jalousie, qui n'aspire qu'à rehausser la gloire de l'Angleterre aux dépens de l'honneur d'autres peuples, — non seulement de peuples ennemis, mais même d'alliés; et, pour atteindre ce but, les Anglais ne se font pas honte d'employer tous les moyens, quelque vils qu'ils soient, ne craignent nul mensonge ne se laissent arrêter par nulle calomnie. Mais ce n'est pas seulement de nos jours que la nationalité anglaise se fait connaître ainsi; toujours elle fut telle: c'est ainsi que nos généraux, formés à l'école de Guillaume III, furent sacrifiés à la gloire d'un Marlborough, et l'histoire injuste n'a de louanges que pour ce favori de la fortune, tandis que c'est à peine qu'elle parle de la valeur des troupes qu'il commandait, des talents des généraux qui le secondèrent dans ses efforts, et à la capacité desquels, — bien plus qu'aux qualités du généralissime anglais, — sont dues les victoires éclatantes de la guerre de la succession d'Espagne. Ce fut toujours un trait caractéristique du peuple anglais, de garder autant que possible pour lui seul le prix d'une victoire remportée avec le concours d'autres peuples, et de s'attribuer autant que possible la gloire et l'honneur des faits d'armes accomplis en commun.

De nos jours la campagne de 1815 a fourni largement à la nation anglaise l'occasion de faire ressortir ce trait du caractère national. Non contents de la gloire que leur armée s'est acquise dans cette campagne, — gloire, qu'aucune plume impartiale ne niera ni ne leur disputera, — les Anglais se sont efforcés de s'attribuer exclusivement l'honneur de cette dernière victoire sur Napoléon. Par toutes sortes de raisonnements ils ont voulu démontrer, que la part des autres armées à cette lutte fut nulle ou insignifiante, et que seules les armes des soldats de Wellington furent de poids dans la balance de la victoire. Il y a quelques années, ce fut contre *l'armée prussienne* que les écrivains anglais dirigèrent leurs attaques; mais il paraît que la riposte vigoureuse des compagnons de Blücher fit impression, et la lutte, entamée par le parlement, poursuivie par la presse périodique, ne se termina pas à l'avantage des agresseurs. Battus par la Prusse, les Anglais essayèrent d'une autre voie, et l'armée néerlandaise, qui combattit à Waterloo, devint le but de leurs attaques. Depuis quelques années on peut remarquer cette tendance dans leurs Journaux militaires, dont les pages sont remplies, à extinction, de souvenirs des campagnes dans la Péninsule et dans les Pays-Bas; — *l'Espagne* et *Waterloo*, *Waterloo* et *l'Espagne*, voilà *le thème favori* sur lequel on fait des *variations* à l'infini. — Le plus mince officier anglais qui, consultant quelquefois ses souvenirs, mais plus souvent encore son imagination, prétend au titre d'écrivain militaire, se croit obligé de flatter l'esprit national, et se sert dans le récit des actions héroïques, vraies ou inventées, là où il s'agit de Waterloo et de Quatre-Bras, du ton dédaigneux en parlant des troupes néerlandaises qui ont combattu sur ces champs de bataille.

Ces attaques indirectes, sans la moindre valeur, sans prétention aucune à l'autorité historique, l'armée néerlandaise a pu les mépriser; elles n'étaient pas dignes de réfutation. Mais il n'en est plus ainsi du moment que ces attaques sont reprises et reproduites avec plus de véhémence que jamais, par un écrivain qui prétend à une autorité historique durables dans un ouvrage (*History of the war in France and Belgium in* 1815, by captain W. Siborne) qui, par l'encouragement, les suffrages et l'approbation qu'il a obtenus de l'armée anglaise, peut être considéré comme l'organe des opinions d'une grande partie de cette armée. C'est donc le moment de rompre le silence, et de démontrer par des preuves irrécusables la frivolité, la fausseté des accusations, formulées par Siborne contre l'armée néerlandaise; il est temps de prouver que cette armée, loin qu'elle se soit signalée dans la campagne de 1815 par de la faiblesse, loin qu'elle ait manqué à ses devoirs, sut au contraire maintenir dignement l'honneur du nom néerlandais.

Telle est la tâche que nous allons entreprendre. Nous ne nous en dissimulons pas les difficultés: appartenant à une autre époque que les champions de Waterloo, nous n'avons eu que peu ou point l'occasion d'obtenir des renseignements de ceux qui prirent part à cette bataille; nous avons dû nous borner à consulter et à étudier les différents auteurs, qui ont écrit sur la campagne de 1815; c'est au moyen de ceux-ci, *c'est principalement par l'ouvrage même de S.*, que nous tâcherons de repondre à ses accusations. A ses exagérations, à ses sophismes, à ses attaques véhémentes, — mais en même temps injustes et mensongères, — nous opposerons la vérité, *indiquée et démontrée autant que possible par des chiffres, qui ne peuvent tromper.*

On ne peut s'attendre à ce que dans cette réfutation nous

nous servions toujours de la froide logique dont on traiterait une chose à laquelle on ne prendrait pas un intérêt direct. Car ici le contraire est vrai : le sujet que nous allons traiter nous intéresse au plus haut dégré ; pour nous c'est comme une affaire personnelle ; l'honneur de l'armée néerlandaise est aussi le nôtre ; les souillures qu'on veut jeter sur cet honneur retomberont également sur nous ; — qu'un autre puisse y rester froid et insensible, nous, nous ne le pouvons. Aussi notre langage portera-t-il souvent l'empreinte de l'indignation, alors que nous réfutons un auteur qui insulte d'une manière si flétrissante toute une armée, toute une nation ; qu'on ne s'attende donc pas à une froide impartialité ; — cependant nous tâcherons d'être vrai avant tout.

Le travail qui va nous occuper se divise de sa nature en deux parties. Dans la première nous passerons en revue tout ce qui dans l'ouvrage de S. concerne l'armée néerlandaise ; dans la seconde nous examinerons succinctement cet ouvrage comme histoire, comme production littéraire, mais surtout comme ouvrage militaire. Dans cette partie nous ferons voir qu'ici, comme il en est presque toujours, la partialité et la mauvaise foi marchent de concert avec la médiocrité. Nous démontrerons que les Néerlandais n'ont pas à craindre de devoir reconnaître dans leur ennemi et détracteur un génie du premier ordre ; et que l'ouvrage, où le nom néerlandais est honni et conspué, n'est nullement destiné à exercer comme œuvre historique une influence et une autorité durables.

I.

Notre première observation concerne les sources où S. a puisé pour composer son ouvrage. Voici ce que nous apprend à ce sujet la préface :

« *Je tâchai de me procurer des renseignements de presque tous les témoins oculaires encore en vie .... je reçus partout les reponses les plus complètes, les plus franches, des officiers de tout grade, des généraux comme des officiers subalternes, et j'eus lieu de m'étonner du résultat, tellement cette vérité historique différait des opinions adoptées sur ce sujet jusqu'à ce jour.*

Nous ne voyons pas qu'il y ait lieu de s'étonner ; nous croyons que d'une compilation des matières, fournies par chacun des témoins oculaires d'un grand évènement, faite sans discernement, ne sortira le plus souvent qu'une image très-informe ; mais ce dont nous doutons, c'est que ce soit là le chemin qui mène à la *vérité*. L'historien doit voir plus en grand, et vouloir former un tout du témoignage d'un grand nombre d'hommes, c'est risquer de ne produire qu'un exposé confus, contradictoire, infidèle des faits qui se sont passés ; parce que chacun des témoins se met trop en avant aux dépens de l'ensemble, et donne trop de poids aux choses dont il a été témoin, ou qu'il a vues de plus près. Les sources indiquées ne garantissent donc nullement la justesse de l'ouvrage de Siborne.

La préface nous apprend de plus que, « en outre des officiers anglais, Siborne a reçu des renseignements d'officiers hanovriens, de Nassau, de Brunswick, de la légion allemande, ainsi que du ministère de la guerre et de l'état-major de Prusse. » — De tous, les officiers néerlandais exceptés. Ces renseignements n'ont-ils pas été demandés ? Était-ce un plan combiné d'avance que d'attaquer l'armée néerlandaise ? et est-ce là la raison pour laquelle on n'a pas consulté les officiers de cette armée ? — Quelquefois on a deféré à l'histoire la puissance et la majesté de la justice ; mais que dirait-on d'un juge, prononçant une sentence sans vouloir entendre l'accusé !

Voilà les sources de l'histoire de Siborne ; passons maintenant à l'examen de cette histoire elle-même. Les deux grands faits d'armes auxquels nos troupes prirent part en 1815 sont les batailles de Quatre-Bras et celle de Waterloo. Voyons ce que dit S. de la conduite de nos troupes dans la première de ces batailles.

Les circonstances qui précédèrent la bataille de Quatre-Bras sont connues. — On sait que la marche de Napoléon surprit les généraux des alliés au moment que leurs armées occupaient encore des cantonnements étendus, et que, si l'Empereur eût déployé dans la campagne de 1815 son activité habituelle, il aurait été impossible à ses ennemis de se réunir. Mais lorsque Napoléon attaqua le 16 Juin à Ligny une bonne partie de l'armée de Blücher s'y trouvait déjà réunie, et une fraction des forces de Wellington occupait Quatre-Bras lorsque Ney s'avança sur cette position. Nous nous occuperons plus tard des questions: pourquoi une *plus forte division* de l'armée de Wellington n'occupait pas Quatre-Bras; comment il se fit que sur ce point se trouvèrent même quelques troupes. — Nous nous bornerons d'abord à examiner la conduite des troupes néerlandaises, qui eurent à soutenir le premier choc de l'ennemi à Quatre-Bras.

Ces troupes formaient la 2e division néerlandaise sous le général Perponcher. Une partie de la brigade Saxe-Weimar de cette division avait eu, la veille, une rencontre avec l'ennemi à Frasnes; elle s'était retirée du côté de Quatre-Bras, arrêtant l'ennemi par le feu de son artillerie (la batterie à cheval Byleveld), dont la conduite, selon le témoignage du commandant de cette brigade, fut *admirable*. Le 16, les autres bataillons de la 2e division arrivèrent successivement à Quatre-Bras, ainsi que la batterie à pied Stievenaar, attachée à cette division. Au moment de l'attaque des Français, la force des Néerlandais à Quatre-Bras était de 9 bataillons d'infanterie (6832 hommes) et de 16 bouches à feu, *sans cavalerie;* le maréchal Ney avait sous ses ordres 15750 hommes d'infanterie, 1865 de cavalerie et 38 bouches à feu (Siborne, tome I, page 101). La supériorité numérique était donc décisive du côté des Français, et la position de Quatre-Bras ne pouvait balancer, même tant soit peu, cette supériorité; ce n'était qu'une position ordinaire, qui ne présentait, par le bois de Bossu et un terrain assez couvert, d'autre avantage que de cacher quelque temps à l'assaillant la faiblesse de son adversaire.

Pendant toute la matinée du 16 on s'en tint, à des escarmouches entre les tirailleurs, qu'aucun des deux partis ne poussa sérieusement, mais par lesquelles le prince d'Orange se fit respecter d'un ennemi fort supérieur en nombre. Ce ne fut qu'entre 1 et 2 heures que l'armée française commença une attaque vigoureuse. Évidemment cette armée devait remporter ici des avantages, et repousser la faible division néerlandaise. Elle n'y réussit cependant pas sans combat, sans éprouver une résistance opiniâtre. Les batteries Byleveld et Stievenaar arrêterent pendant quelque temps les colonnes de l'ennemi; le bois de Bossu lui fut disputé avec succès, et la ferme Germioncourt surtout fut défendue avec la plus grande valeur par le 5e bataillon de milice, sous le lieutenant-colonel Westenberg. Ce bataillon repoussa l'ennemi à chaque attaque, et se couvrit de gloire dans cette défense à jamais mémorable, où le prince d'Orange, à l'exemple de son prédécesseur Friso à Malplaquet, se jeta intrépidement sur les canons ennemis. Que cette tentative échoua, qu'à la fin on dut renoncer à la défense de Germioncourt, c'est ce qui doit moins nous étonner que la hardiesse de risquer cette attaque, de prolonger cette défense si longtemps. Cette résistance fit gagner du temps, c'était là le point essentiel: il était quatre heures; la brigade de cavalerie Van Merlen et la division d'infanterie de Picton étaient arrivées sur le champ de bataille; le prince d'Orange put continuer le combat avec plus de chances de succès. Plus tard d'autres divisions anglaises et allemandes arrivèrent, de sorte que, nonobstant les renforts que Ney avait reçus, la supériorité se trouva à la fin du côté des alliés, qui finirent par rester maîtres de la position.

Quatre heures passées, les troupes néerlandaises ne prirent plus qu'une part secondaire au combat. La division Perponcher se borna principalement à la défense du bois de Bossu, et à 5 heures elle ne l'avait point encore entièrement abandonné (S., tom. I, pag. 135). La brigade Van Merlen, dès qu'elle arriva sur le champ de bataille, chargea la cavalerie française, mais elle fut ramenée; une seconde charge, qu'elle exécuta plus tard (S., tom. I, pag. 130), ne lui réussit pas mieux (1); la supériorité numérique de la cavalerie française explique ces revers, sans qu'il soit nécessaire de recourir à d'autres causes. Lorsque, vers le soir, les alliés reprirent le bois de Bossu, trois bataillons de la division Perponcher se trouvaient parmi les assaillants.

Voilà en traits généraux, et sans exagération aucune, la part prise par les troupes néerlandaises au combat de Quatre-Bras. Tout homme impartial reconnaîtra que cette part fut prépondérante, et l'on s'accorde généralement sur l'importance de la position de Quatre-Bras; nous y reviendrons plus tard. Pendant toute la matinée le prince d'Orange sut tenir son ennemi en échec par des mésures prudentes; et lorsque celui-ci commença l'attaque, le Prince lutta au moins pendant *deux heures* contre un ennemi dont l'infanterie et l'artillerie avaient une force double de la sienne, et qui possédait en outre une cavalerie nombreuse, tandis que le Prince n'en avait point. N'est-ce pas là un fait d'armes dont une armée peut être fière à juste titre? et ce fait ne devient-il pas plus éclatant encore quand on considère *quelles* étaient les troupes opposées aux Néerlandais, *quel* chef les commandait? Les Néerlandais ont été repoussés, ils ont éprouvé des pertes, la confusion s'est mise dans quelques corps; — qui le niera? aussi ce n'est pas là ce qui nous doit étonner; qu'on s'étonne de ce que la lutte et la résistance aient duré *si longtemps*, grâce aux bonnes mesures du général et à la valeur des troupes qui combattirent à Quatre-Bras.

Tout autre est l'image que retrace S. de la conduite des Néerlandais à Quatre-Bras; chez lui le récit de ce combat est méconnaissable, partial et mensonger au plus haut dégré. De ce qui eut lieu avant l'arrivée de la division Picton il n'est presque pas question, tout comme si le combat ne s'engagea qu'à l'arrivée de ces troupes. Et cependant il était du devoir d'un historien impartial de faire droit aux bataillons de Perponcher, qui soutinrent pendant deux heures une lutte si inégale. S. se contente de dire : « *que le 5e bataillon de milice à Germioncourt repoussa avec succès plusieurs attaques* (tom. I, pag. 101) ; plus loin il dit de ce même bataillon «*qu'il défendait toujours courageusement la ferme de Germioncourt* (pag. 104). » L'action hardie du prince d'Orange qui, avec un seul bataillon, se jette sur l'artillerie française est mentionnée (pag. 104), sans qu'on y donne le moindre éloge; et cependant, quelque grande que soit notre estime pour l'infanterie anglaise, nous croyons que le plus brave de ses régiments mettrait à haut prix un fait d'armes pareil, et que si le 5e bataillon eût eu le bonheur d'appartenir à l'armée de Sa Majesté Brittanique, l'ouvrage de S. aurait eu une page louangeuse de plus.

S. met le commencement du combat à *environ 2 heures* (tom. I, pag. 100); d'autres écrivains disent: entre 1 et 2 heures; ceci n'est donc pas une différence essentielle. Mais une différence plus importante entre son récit et celui fourni par d'autres, c'est l'arrivée de la division Picton sur le champ de bataille. S. en fixe le moment à deux heures et demie, peut-être à deux heures et trois quarts; d'autres écrivains disent que Picton ne vint sur le champ de bataille qu'entre 3 et 4 heures; quelques uns, à 4 heures; selon d'autres il vint encore plus tard. Il est de toute évidence que S. avance le moment de l'arrivée de Picton avec l'intention de diminuer la gloire de la résistance des Néerlandais; car la durée de leur lutte avec Ney est en raison inverse de cette arrivée.

Tout est donc réduit à une question de temps. Si cette arrivée n'a eu lieu qu'à 4 heures ou plus tard, la division Perponcher a résisté seule et sans secours durant deux à trois heures aux forces de Ney; et personne ne niera qu'elle ne se soit alors comblée de gloire. Si au contraire Picton a été sur le champ de bataille déjà à deux heures et demie ou deux heures et trois quarts, la résistance de Perponcher n'a duré qu'une heure, et ce fait d'armes, quoique toujours glorieux, perd cependant beaucoup de sa valeur. Examinons donc sur quoi se fonde l'assertion de S., quant à l'arrivée de Picton.

Nous commencerons par faire observer que l'auteur anglais n'*affirme* pas qu'elle eût lieu à deux heures et demie ou à deux heures et trois quarts; mais qu'il cherche à le faire croire à l'aide de termes plus ou moins équivoques. Voici comment il s'exprime (tom. I, pag. 102):

«*Il était à peu près deux heures et demie, ou peut-être*

deux heures et trois quarts, lorsque le prince d'Orange, dont la position était devenue très-critique, dirigeant ses regards inquiets (anxious looks) vers ce point de l'horizon que bornait le terrain élevé près de (about) Quatre-Bras, eût la joie indicible de reconnaître à leurs masses, d'un rouge foncé, l'arrivée de troupes anglaises sur le champ de bataille.

Elles formaient la 5e division commandée par le lieutenant-général Sir Thomas Picton....»

Voilà les propres termes de l'auteur anglais. Sans nous arrêter à relever l'inconvenance de quelques unes des expressions, nous ne ferons qu'observer que, quoique l'auteur ne le donne pas pour *positif*, il s'exprime cependant de manière qu'on doive supposer que la division Picton vint *sur le champ de bataille* à deux heures et demie ou deux heures et trois quarts. Aucune preuve ne vient à l'appui de cette assertion; au contraire, d'autres données de S. la contredisent entièrement. Savoir, dans une note placée au bas des pages 102 et 103 du tome I, où il est dit: «*que la division Picton fit une halte à Waterloo pendant sa marche de Bruxelles, pour se reposer et attendre des ordres ultérieurs; et, que Picton reçut vers* (about) *midi l'ordre de poursuivre avec sa division la marche sur Quatre-Bras.*» — Or, la distance de Waterloo à Quatre-Bras est de 22 *à* 23 *kilomètres*, et un corps de troupes considérable marche vîte quand il parcourt 5 *kilomètres à l'heure;* comment donc la division de Picton, qui se mit en marche au plus tôt *à midi*, a-t-elle pu être à Quatre-Bras vers *deux heures et demie, ou deux heures et trois quarts?* Comment se peut-il qu'elle ait parcouru cette distance en deux heures et demie ou deux heures et trois quarts de temps? Ses soldats étaient-ils montés? était-ce une marche en poste? ou une division composée de coureurs? Voilà une difficulté que S. ne résout pas, et jusqu'à ce qu'il le fasse nous croyons qu'on peut adopter comme une chose prouvée, que Picton arriva à Quatre-Bras passé 4 heures de relevée; et par suite, que la division Perponcher a été seule et sans secours durant 2 à 3 heures aux prises avec les forces de Ney.

Ce que S. dit ensuite de la conduite des troupes néerlandaises à Quatre-Bras n'est que blâme et désapprobation, et heureusement nous pouvons ajouter, — que mensonge. Voici comment il en parle à la page 124 du tome 1 :

« *Bientôt il fut prouvé qu'on ne pouvait compter sur l'occupation durable du bois* (*de Bossu*), *par les troupes néerlandaises.* »

Et à la page 135 :

« *Il était à peu près 5 heures. Dans le bois de Bossu l'infanterie française faisait continuellement des progrès du côté du chemin de Namur, où l'on voyait un nombre toujours croissant de troupes néerlandaises, chargées de la défense du bois, se retirer à la hâte, quelques unes sous le prétexte d'emporter des blessés, mais la plus grande partie en fuyards.* »

Ne dirait-on pas que le bois de Bossu a quelques lieues d'étendue? Car, nonobstant des *progrès continuels*, et quoique l'attaque eût commencé à 2 heures, l'ennemi n'en était pas encore maître à 5.

A la page 143 S. met en opposition la faiblesse et la retraite précipitée de la plus grande partie de l'infanterie néerlandaise, — avec la valeur héroïque et l'enthousiasme admirable qui se manifestèrent dans l'infanterie anglaise et allemande.

Aux pages 160 et 161 il est dit « qu'à Quatre-Bras les infanteries anglaise, hanovrienne et celle de Brunswick se couvrirent d'une gloire immortelle; et que cette infanterie fut délaissée entièrement, dans la dernière période de la bataille, par la 2e division néerlandaise, qui ne comptait pas moins de 7533 hommes. » — (La différence entre ce chiffre et celui de 6832, qui a été donné plus haut, vient de ce que le 7e bataillon de ligne ne vint que plus tard sur le champ de bataille).

L'assertion de S., que vers la fin du combat la division Perponcher s'est retirée, est *entièrement fausse*. Lui-même il reconnaît qu'à 5 heures les bataillons de Perponcher *défendaient encore* le bois de Bossu, et dans van Löben-Sels, *Histoire militaire de Napoléon*, il aurait pu trouver le numéro des bataillons qui, dans la dernière période de la bataille, se trouvèrent à la reprise de ce même bois. Pourquoi ne pas réfuter cet écrivain? Ou S. ne connaît-il pas l'ouvrage de van Löben-Sels? mais voilà ce qui prouverait justement que S. n'est pas un historien compétent de cette campagne.

Mais si, dans la composition de son histoire, S. paraît avoir peu consulté les ouvrages qui ont traité ce sujet, d'autant plus il s'est servi des *renseignements de témoins oculaires;* il est fort sur ce point; et son ouvrage fournit d'un bout à l'autre la preuve incontestable que les principaux matériaux ont été recueillis dans des clubs et des cafés. On en trouve un échantillon assez plaisant dans une note, page 160 et 161, où l'auteur tâche d'expliquer la retraite des troupes néerlandaises, — un fait qui n'a pas eu lieu, — de la manière suivante :

« *Si ces troupes (les Néerlandais) se retirèrent du théâtre du combat par suite soit d'antipathie, soit d'indifférence pour la cause qui réclamait leurs services; ou s'il faut attribuer leur retraite à quelque autre motif, — c'est sur quoi je ne me sens pas disposé à dire mon opinion, et je prefère abandonner ce point à l'examen et au jugement du public. Pour venir en aide à qui voudrait former une décision fondée, — pour donner quelque idée de l'esprit de ces troupes, — je vais communiquer les circonstances suivantes, que je tiens de quelques officiers de la 1re division. En s'approchant du champ de bataille ces officiers rencontrèrent plusieurs troupes d'infanterie néerlandaise se retirant en grand désordre, et avec précipitation. Voyant que ces soldats n'étaient ni blessés, ni désarmés les officiers anglais interrogèrent quelques uns d'entre eux sur la cause de leur retraite. D'une partie ils obtinrent pour réponse, que l'officier commandant étant tué il était inutile de rester plus longtemps; d'une autre, qu'ils n'étaient pas venus pour se battre mais tout simplement pour être témoins de la victoire des Français; d'une troisième partie, que Napoléon serait indubitablement vainqueur, et que par conséquent c'était folie de vouloir lui résister.* »

Et c'est sur de tels cancans que se fonde une histoire!... rarement ou jamais une bataille aura lieu où les armées respectives ne soient affaiblies par la retraite de quelques lâches, et nous démontrerons plus loin par un exemple, qu'entre autres l'armée anglaise a compté à Waterloo un très-grand nombre de fuyards. Quand on voudrait se donner la peine de les interroger, on obtiendrait vraisemblablement des réponses encore beaucoup plus absurdes que celles d'où S. prend occasion pour juger de l'esprit des troupes néerlandaises. — L'auteur oublie de dire, *de quelle* langue les officiers anglais se sont servis avec ces soldats néerlandais; la connaissance de notre langue à l'étranger est très-rare, et l'on ne rencontrera guère chez nous des soldats qui entendent l'Anglais.

Quand on examine la conduite d'une armée on ne doit pas entrer dans de frivoles particularités: on considère le *tout*, et d'après cela on forme son jugement. Dans la meilleure, dans la plus valeureuse armée il y aura certainement des parties moins bonnes; et dans le cours du combat le plus glorieux il y aura toujours des moments de faiblesse, d'hésitation. Quand un auteur s'applique à ne considérer que *ce côté faible*, alors — quoiqu'il ne mentionne peut-être aucun fait qui ne se soit passé — il ne produit toutefois qu'une image très-infidèle, pour ainsi dire controuvée de ce qui eut lieu. Vous racontez une bataille, vous nommez telle partie de l'armée qui a hésité, tels fuyards qui ont abandonné les rangs, telle division qui s'est retirée devant l'ennemi; — mais vous passez sous silence celles, qui par leur glorieuse bravoure ont largement supplée le manque de valeur des autres, — alors votre récit est faux et infidèle; il ne s'y trouve peut-être pas un mot de mensonge, et cependant il est mensonger, par ce qui ne s'y trouve *pas*. Il est du devoir de l'historien de dire non seulement *rien que la vérité*, mais aussi *toute la vérité*. Ni l'un ni l'autre, S. ne l'a fait par rapport à l'armée néerlandaise qui combattît à Quatre-Bras: le *mal* qu'il en dit n'est pas vrai, et il tait le *bien* qu'il aurait dû en dire.

Loin de nous la triste satisfaction de répondre à des calomnies par des calomnies, d'opposer aux accusations de S.

d'autres accusations contre les troupes anglaises et allemandes, qui combattirent à Quatre-Bras. Loin de nous de vouloir attaquer l'honneur de ces troupes, que nous estimons au contraire véritablement, et dont nous ne mettons pas la valeur en doute. Aussi les observations qui vont suivre ne tendent qu'à démontrer que, quand on voudrait procéder à l'égard de ces troupes comme S. à l'égard de l'armée néerlandaise, *son ouvrage même* fournirait matière à ce que l'on pût présenter leur conduite à Quatre-Bras sous un jour encore plus nuisible, plus défavorable que S. ne présente celle des Néerlandais.

Dans ce qu'il dit des troupes anglaises et allemandes, on peut remarquer plus d'une exagération, plus d'une contradiction, plus d'une fausse supposition.

La fermeté avec laquelle les bataillons de Picton, formés en *carré*, repoussèrent les attaques de la cavalerie française est louée à l'infini. Nous aussi nous admirons cette fermeté; mais notre admiration diminue quelque peu, quand nous voyons à la page 133 l'auteur avouer lui-même: « *que la cavalerie française, dans ses attaques réitérées sur les carrés anglais, ne poussa jamais sa charge à fond, mais que le premier escadron (arrivé sous le feu de la mousqueterie) se rabattit à droite et à gauche, et que les escadrons suivants en agirent de même.* » Quoique ceci ôte un peu du prix de cette défense, elle est toujours glorieuse; — mais quand l'auteur vient à donner presque immédiatement après (pag. 137), à la cavalerie française l'épithète de *la plus intrépide* (most daring), nous n'y voyons qu'un effort pour faire, à l'aide d'un style enflé et de tours oratoires, d'un acte de bravoure, que nous reconnaissons comme tel, une action presque inouïe. Non pas que nous niions en général l'intrépidité de la cavalerie de Napoléon; mais à Quatre-Bras, elle signala cette intrépidité moins que partout ailleurs; ce n'était donc pas ici le lieu de lui appliquer cette épithète.

Tous les autres écrivains s'accordent à dire qu'un des régiments de Picton, le 42e (montagnards écossais), fut culbuté par la cavalerie française. Cependant S. présente cet événement sous une tout autre face; il dit à la page 118 « *que le*

42e *régiment, avant qu'il se fût formé en carré, fut attaqué par les lanciers français, qui y pénétrèrent; mais que le carré se rétablissant, les cavaliers ennemis y furent enfermés, et pris ou tués.»* — Eh bien, nous le demandons, ce récit est-il *vraisemblable?* et ne fera-t-on pas mieux de s'en tenir à l'opinion générale, que le régiment fut entièrement culbuté? surtout quand on sait qu'il perdit à Quatre-Bras son colonel et 288 hommes, c'est-à-dire plus de la moitié de son monde.

Un autre fait d'armes nous rappelle involontairement ces paroles de Boileau: «le vrai peut quelquefois n'être pas vraisemblable;» nous trouvons, page 119—120, «*que le 44e régiment, déployé sur deux rangs, n'avait plus le temps de se former en carré lorsque les lanciers français le prirent par derrière; mais qu'alors le commandant fit faire volte-face au second rang, et repoussa l'attaque par un feu bien dirigé.*» Ce fait peut être vrai; mais nous croyons qu'il sera prudent d'attendre d'autres preuves, avant qu'on aille enrichir de cet exemple les cours de tactique.

Aux pages 140 et 141, S. s'en prend au prince d'Orange de la perte du 69e régiment, dans une attaque des cuirassiers français, et du danger que courut le 30e, parce que le Prince avait ordonné que ces régiments déployassent en ligne. Comment se fait-il que le 69e, qui selon Siborne fut entièrement culbuté, ne perdit à Quatre-Bras que 152 hommes, tandis que le 42e, cité plus haut, qui ne fut pas culbuté, en perdit 288? La force des deux régiments était à peu près la même: 526 et 516 hommes. — Nous ne rapportons cette particularité que pour montrer l'esprit d'exagération dont S. est tourmenté, et le peu de vraisemblance qu'il observe dans ses récits.

En parlant de l'armée néerlandaise, S. nous montre bien un grand nombre de fuyards, et même il est question de la *retraite* de tous les corps dans la dernière période de la bataille, cependant il ne dit nulle part que des corps entiers aient *fui*, se soient *sauvés* devant l'ennemi; mais c'est ce qu'on a pu voir, toujours selon S., chez les troupes anglaises et allemandes. Ainsi nous lisons page 116 que : « *par la canonnade violente des Français, et l'approche de leur cavalerie, les Brunswickois prirent la fuite en désordre; quelques-uns à travers Quatre-Bras, d'autres au travers de la ligne de bataille des Anglais à gauche de ce point.* » Ceci se passait quelques instants avant la mort du Duc, et tout en ne prouvant rien contre ces troupes, cette retraite égale au moins celle de la brigade Bylandt, le 18.

Page 117 on ajoute : « *qu'aussi les hussards de Brunswick étaient en pleine déroute.* »

A la page 147 nous trouvons le passage suivant : « *le 33e régiment (anglais) marche au secours de deux bataillons de Brunswick, alors engagés dans un rude combat près de la lisière du bois, avec les troupes légères de l'ennemi; mais* le bruit se répand, que la cavalerie française se trouve sur les derrières de ce régiment, *et celui-ci se jette avec précipitation dans le bois* (*rushed precipitately into the wood*), *où l'ordre est bientôt rétabli. Les autres régiments de la brigade Halkett, de concert avec les troupes de Brunswick, se retirent également dans la partie nord-est du bois.* »

Or, mettez un régiment néerlandais en place du 33e, et cet événement nous sera peint avec de tout autres couleurs. Il est vrai, S. y ajoute, que ces troupes avaient éprouvé plus au moins de pertes par le feu de ces deux batteries françaises (*having experienced, more or less, the destructive effects of the fire from the two french batteries*). Cependant ce feu ne doit pas avoir été très-violent, puisque nous trouvons, page 148, que ces deux batteries furent reduites au silence par la batterie anglaise de Lloyd. Et, comme si dans le récit de S. tout devait être contradiction, il y fait suivre immédiatement que cette batterie de Lloyd se retira avec une perte de deux pièces. — Étrange manière de reduire au silence des batteries ennemies !

Il n'y eût que la première brigade (Maitland) de la division de la garde Cooke (1e) qui prit une part active au combat de Quatre-Bras; l'autre (Byng) figure sur le tableau des pertes avec « 7 *blessés*; » il est donc inadmissible qu'elle ait été engagée sérieusement. La brigade Maitland arrive à six heures et demie, et reprend le bois de Bossu. Cette brigade débouche ensuite du bois, ayant à sa gauche le bataillon de la garde de Brunswick. Bientôt se montre la cavalerie française; le bataillon de Brunswick se forme en carré, mais la brigade Maitland *court se réfugier derrière le fossé, qui environne le bois* (S., tom. I, pag. 155 et suiv.)

Nous répétons: si cette brigade anglaise eût été de l'infanterie néerlandaise, vous verriez ce que S. en dirait. — Maintenant il ne manque pas de défendre cette conduite: «*le combat dans le bois avait mis le désordre dans la brigade;*» aussi pourquoi débouche-t-elle dans la plaine, avant que l'ordre soit rétabli? et à tout prendre, ce désordre ne doit pas avoir été très-grand, puisque S. dit formellement: «*qu'en avant du bois la brigade s'était formée en ligne, qu'elle s'était* avancée *dans cet ordre, et avait fait feu sur l'infanterie française, qui déployait en face d'elle.*» — C'est ce que ne fait pas une infanterie en désordre; aussi nous n'ajoutons pas la moindre foi à l'assertion de l'auteur: «*que toute tentative pour former en ce moment un carré aurait mis la confusion dans la garde anglaise, et donné beau jeu à la cavalerie ennemie.*»

Plus que naïve est du reste la manière dont l'auteur veut insinuer que cette conduite de la brigade Maitland était l'effet de l'esprit militaire extraordinaire des soldats de cette brigade. Siborne dit:

> «*Ce n'était pas un esprit militaire ordinaire, mais une impulsion spontanée, instinctive, qui paraissait animer tout le corps de la conviction intime, que le seul moyen, la seule chance de salut consistait dans un mouvement général et instantané vers le fossé qui longeait le bois sur sa droite. Ce mouvement eut un* plein succès....»

En consultant le tableau des pertes, on verra ce qu'il faut croire de ce *plein succès;* le bataillon de la garde de Brunswick, qui, formé en carré, attendit de pied ferme l'attaque de la cavalerie ennemie, eut proportionnellement beaucoup moins de pertes que la brigade Maitland, et cependant il a été engagé beaucoup plus longtemps que celle-ci.

Mais cessons cette énumération de faits qui peuvent être considerés comme moins honorables pour les troupes anglaises et allemandes. Nous rappelons que, par cette énumération, nous ne voulons attaquer en aucune manière la gloire si justement acquise à ces troupes; mais nous voulons donner une preuve convainquante, combien il est facile de donner une peinture défavorable d'une armée bonne et vaillante, en adoptant le mode de raisonnement de S.; nous voulons démontrer qu'alors même que les fausses accusations dont il charge l'armée néerlandaise seraient vraies, elles ne prouveraient rien, parce qu'on peut en produire de pareilles et de plus graves même contre les armées anglaises et allemandes. Ou voudrait-on soutenir par-là, que toutes les parties de l'armée des alliés ont montré de la faiblesse? que la victoire qu'elle remporta ne fut que l'oeuvre du hasard? qu'il faut l'attribuer à ce qu'elle eut à combattre des ennemis qui manquaient de courage, un général d'armée craintif? Mais personne ne poussera si loin le scepticisme. Reconnaissons plutôt que le combat de Quatre-Bras fut glorieux, même pour les Français vaincus, plus glorieux encore pour l'armée victorieuse des alliés; et si les troupes anglaises et allemandes ont mérité de grands éloges pour la valeur qu'elles ont montrée, on ne saurait disputer aux Néerlandais la gloire d'avoir soutenu seuls, avec une persévérance héroïque une lutte inégale contre les forces supérieures de Ney. Dans les annales militaires des Néerlandais, Quatre-Bras mérite une mention tout aussi éclatante que dans celles de l'Allemagne ou de l'Angleterre.

Nous passerons à la bataille de Waterloo. Le 17, durant la retraite de Quatre-Bras sur Mont Saint-Jean, les troupes néerlandaises n'ont été aucunement aux mains avec l'ennemi; aussi nous nous bornerons à l'occasion de cette retraite à une seule remarque sur l'ouvrage de S., pour en démontrer le manque continuel d'exactitude et de véracité.

On trouve le récit de la retraite de l'armée de Wellington aux pages 251—277. L'auteur s'étend longuement sur les combats de cavalerie, livrés pendant cette retraite. Qu'on nous dise si, en lisant cette description, on n'a pas cru assister à des faits d'armes comparables aux actions héroïques des cavaliers de Seydlitz!... Mais par malheur se trouve, page 459, le chiffre des pertes des alliés. A combien de milliers s'élève ce chiffre? à des milliers! pas même à des centaines; ce sont en tout 95 hommes tués, blessés ou absents, y compris la perte de l'infanterie qui monte à 19 hommes. Ces chiffres nous donnent la mesure de ces éclatants combats de cavalerie, mentionnés par S. avec tant d'emphase.

C'est dans le récit de la bataille de Waterloo que S. s'attaque avec le plus de véhémence à l'armée néerlandaise, et qu'il forme contre les différentes parties de cette armée des accusations qui blessent l'honneur national, et qui nous feraient honte pour nos compatriotes s'il n'était facile d'en démontrer la fausseté.

Déjà au début, alors que S. parle de l'ordre de bataille des deux armées, il revient à son opinion défavorable sur l'esprit de l'armée néerlandaise. Il dit (tom. I, pag. 374): «*que Napoléon fit peut-être étalage de ses forces avant la bataille de Waterloo*, dans le dessein d'impressionner fortement cette partie de l'armée des alliés que l'Empereur tâchait de gagner à sa cause, *dans l'espoir de la voir se ranger une seconde fois sous ses drapeaux victorieux; mais que Wellington, par une sage prévoyance, et une habile célérité n'avait pas laissé cette partie réunie; qu'il l'avait répartie entre les troupes britanniques; se préservant par-là d'une scène, semblable à celle qui dans les champs de Leipzig contribua si puissamment à la défaite de Napoléon.*»

Nous voulons admettre que Wellington agissait dans cette vue, lorsqu'il dissémina les Néerlandais entre les autres parties de son armée, et que le général anglais, — sans craindre toutefois une désertion en masse, comme celle des Saxons à Leipzig, — vit cependant, dans la constitution du royaume des Pays-Bas, et dans la circonstance que les Néerlandais avaient suivi longtemps l'aigle impériale, autant de causes pour se méfier de l'esprit de ces troupes; mais nous nions haut et ferme que les événements de la journée de Waterloo aient justifié le moins du monde cette méfiance.

Dans le tome II, page 5, S. mentionne la retraite de la brigade Bylandt. Cette brigade (forte de 5 bataillons, formée sur deux lignes, 4 bataillons en première, 1 en seconde) était placée en avant de la ligne de bataille, sur la pente méridionale des hauteurs occupées par l'armée de Wellington; après avoir été exposée pendant deux heures au feu d'une forte division d'artillerie française, elle est attaquée par les colonnes d'Erlon, et se retire. Voici comment S. raconte ce fait :

« *Lorsque les têtes des colonnes françaises approchèrent de la brigade déployée de Bylandt les cris de, vive l'Empereur, furent répétés. Les tirailleurs qui les dévançaient étaient sur le point de commencer leur feu contre la brigade, pour préparer et favoriser l'attaque des colonnes elles-mêmes, lorsque les Néerlandais, dont la contenance avait déjà trahi une forte indécision, commencèrent une retraite précipitée, non pas partielle et successive, mais une retraite en masse et simultanée, comme si ce mouvement eût été ordonné. Le désordre dans ces troupes augmenta rapidement; lorsqu'elles arrivèrent à la hauteur de la haie, située en arrière sur la partie la plus élevée de la position, une tentative fut faite pour les rallier sur le 5e bataillon de milice. Mais nonobstant les plus grands efforts des officiers, cette tentative n'eut pas le moindre succès. Le bataillon de la seconde ligne (5e milice) et les canonniers de la batterie Byleveld, qui paraissaient d'abord arrêter le torrent, furent bientôt entraînés par sa violence toujours croissante. Les colonnes anglaises, ne pouvant retenir leur indignation, accueillirent les fuyards par des sifflets, des huées et des imprécations; et lorsque, dans l'ardeur de la fuite, ils renversèrent presque la compagnie des grenadiers du 28e régiment anglais, les soldats de cette compagnie entrèrent tellement en fureur qu'on eut beaucoup de peine d'empêcher qu'ils ne fissent feu. Quelques hommes du 1rs*

(Royal Scots) voulaient faire de même. Il semblait que rien ne pût arrêter cette fuite, qui ne finit que lorsque les fuyards se trouvèrent sur la pente opposée, et relativement abrités contre l'ennemi par les hauteurs où était rangée l'armée de Wellington. Là ils se tinrent aussi longtemps que dura la bataille, à laquelle ils ne prirent plus de part, et depuis leur concours ne fut ni offert ni demandé.»

Peut-être jamais la vérité ne fut-elle plus dénaturée que dans ce récit. Il est vrai que la brigade Bylandt s'est retirée lors de la première grande attaque du corps d'Erlon; mais il n'est pas vrai que sa retraite se fit de cette manière, ni qu'elle resta inactive le reste de la journée. Les 5 bataillons de cette brigade, qui deux jours auparavant avaient déjà éprouvé des pertes considérables à Quatre-Bras, placés le 13 à Waterloo, on ne sait pourquoi, sur une partie saillante de la position, y restèrent exposés pendant deux heures au feu d'une forte division d'artillerie française, qui (S. lui-même le reconnaît) fit de grands ravages dans leurs rangs. Les divisions françaises formées en colonnes s'avancèrent sur eux, et la faible brigade Bylandt battit en retraite; est-ce là un prodige? S. est-il donc absolument étranger à l'histoire militaire, pour qu'il ne sache pas que dans presque toutes les batailles des faits pareils se répètent? — Selon lui, *la brigade Bylandt se retira sans combattre.* — Ceci est un de ces mille mensonges que contient son ouvrage: la brigade Bylandt essaya d'arrêter l'ennemi par un feu de mousqueterie; ce feu ne produisit pas l'effet voulu par suite de la faiblesse des bataillons; ce fut alors qu'elle battit en retraite, non pas sans combattre, mais sans avoir été *aux mains* avec l'ennemi, ce qui est très-souvent le cas dans les rencontres d'infanterie. *«Mais elle ne prit plus part au combat.»* — Autre mensonge. Le désordre qui peut-être, qui probablement s'était mis dans la brigade Bylandt fut bientôt réparé; les bataillons de cette brigade furent ramenés contre l'ennemi; de concert avec ceux de Picton ils combattirent les colonnes françaises; et dans le même combat où ce brave général anglais trouva une mort glorieuse à la tête des siens, le sang de plusieurs officiers néerlandais rougissait la même terre; leurs noms seuls (qu'on trouve dans Löben-Sels) suffisent pour repousser les calomnies de Siborne.

Voilà ce qui s'est passé avec la brigade Bylandt dans la journée de Waterloo. Nous demandons à tout homme impartial si de telles circonstances autorisent à condamner la conduite de cette brigade, et à la flétrir comme le fait l'auteur anglais.

On peut lui objecter: comment! vous, qui en accusations véhémentes, exhalez votre courroux et votre indignation à propos d'un fait que nous regardons tout au plus comme un moment de faiblesse, réparé aussitôt par une conduite valeureuse, — vous laissez passer inaperçu un fait tout-à-fait semblable quand il se passe dans les troupes anglaises ou allemandes! Car on peut remarquer dans la journée de Quatre-Bras plusieurs événements d'une ressemblance parfaite avec la retraite de la brigade Bylandt; événements que vous êtes cependant loin de blâmer, auxquels vous accordez même quelquefois des louanges! c'est ainsi que nous voyons les troupes de Brunswick se retirer en désordre du champ de bataille; le 33e régiment s'enfuir vers le bois de Bossu, *sur le simple bruit que la cavalerie française se trouve sur ses derrières*; et enfin la brigade Maitland faire preuve selon vous d'un *esprit militaire plus qu'ordinaire*, en courant se mettre à couvert dans un fossé à l'approche de cette cavalerie. — En quoi cette manière d'agir diffère-t-elle de celle de la brigade Bylandt?

A Waterloo de même on rencontre des actions pareilles dans les autres parties de l'armée de Wellington.

A l'une des dernières attaques de Napoléon sur le centre des alliés, et au moment que le prince d'Orange fut blessé, les troupes de Nassau commandées par Kruze se retirèrent en masse jusque contre les chevaux du 10e de hussards, qui, en tenant ses rangs bien serrés, les empêcha de passer outre (Sib., tom. II, pag. 159). — On serait injuste d'en conclure au désavantage de ces troupes: c'étaient de bons, d'excellents soldats.

Un autre exemple nous fournit la conduite de la brigade de la garde Maitland, une brigade à laquelle l'auteur anglais prodigue des louanges excessives à cause de sa brillante valeur. S. dit (tom. II, pag. 170 et 171) «*que cette brigade, après avoir repoussé la première colonne de la garde française, poursuivit avec deux autres régiments (le 33e et le 69e) cette colonne qui fuyait; mais qu'à la vue d'une seconde colonne française elle s'enfuya avec précipitation et en désordre vers la colline, sa position primitive.* (The wole went to the rear. The confufusion in which they retired was unavoidable.)» — Nous laissons de côté la manière dont cet événement est exposé par S., qui l'attribue à *un commandement mal compris;* nous laissons de côté ce qu'il dit du prompt rétablissement de l'ordre, et de la bonne contenance que la brigade fit ensuite en face de l'ennemi; — on en cherche vainement la preuve; car, selon lui, cette seconde attaque de la garde française fut repoussée principalement par l'artillerie et la brigade Adam. Mais nous demandons, quelle différence essentielle y a-t-il entre la retraite de la brigade Maitland et celle de la brigade Bylandt, qu'il peint avec de si noires couleurs? — La brigade néerlandaise dans sa position avancée fut exposée longtemps au feu meurtrier d'une nombreuse artillerie; puis elle se vit attaquée par un ennemi très-supérieur en nombre; et ne pouvant lui résister, elle recula. La brigade anglaise recula également; — mais à la seule vue de l'ennemi, et dans un moment que la victoire était comme décidée, et que les forces brisées de l'ennemi s'agitaient dans leurs dernières convulsions. Cependant ce n'est pas sans raison qu'on a donné des éloges à la valeur de cette brigade; mais est-il juste alors d'accuser la brigade Bylandt de manque à ses devoirs, de lâcheté? Nous croyons que celui qui s'imagine que de bonnes troupes ne connaissent *ni retraite ni désordre*, trahit par-là non seulement qu'il ne fit jamais la guerre, — mais aussi que l'histoire militaire lui est absolument étrangère.

Nous venons de voir que plus d'une action de l'armée anglaise, dans les journées de Waterloo et de Quatre-Bras, ne diffère point de la retraite de Bylandt ; qu'il est possible de les présenter sous un jour tout aussi défavorable, plus défavorable même que cette dernière. On n'a donc pas le droit de reprendre si violemment dans l'armée néerlandaise, ce qu'on laisse passer inaperçu dans l'armée anglaise ? On n'a pas le moindre droit de jeter tant de blâme sur l'armée néerlandaise *à cause de certains faits*, et de louer outre mesure l'armée anglaise *malgré des faits pareils.* — Mais aussi la justice et la vérité sont tous les deux étrangères à l'ouvrage de S.

La cavalerie néerlandaise contribua puissamment à repousser la première grande attaque de Napoléon sur la position des alliés (entre 2 et 4 heures). S. n'en fait qu'une legère mention (tom. II, pag. 41 et 42).

> « *La brigade de cavalerie légère Merle (Van Merlen) était arrivée au même instant sur la partie la plus élevée de la position principale, sur la gauche de la brigade Van de Leur; mais seulement un faible détachement descendit la colline à la suite du 12e régiment de dragons légers. Rien ne prouve qu'il eut part à l'attaque. Probablement il fut ramené par le feu vif qu'entretinrent les tirailleurs de Durutte, placés derrière une haie et un remblai de terre au pied de la pente, et qui avaient déjà causé des pertes au 12e léger.* »

Il est notoire d'après les rapports néerlandais que cette action, attribuée à la brigade Van Merlen, appartient à la brigade Ghigny, et qu'elle ne fut nullement aussi insignifiante que S. veut la faire paraître. Entre autres le 4e léger de dragons est cité comme ayant perdu beaucoup de monde dans une attaque sur l'infanterie française.

Mais si le nom de la brigade Ghigny n'a pas été prononcé, il n'en est pas de même de la brigade Trip ; l'accusation qu'on fait peser sur elle est des plus honteuses, non pas pour la brigade néerlandaise, mais pour l'auteur anglais : car cette accusation est un mensonge manifeste.

Voici ce que dit S. de cette brigade (tom. II, pag. 91), après avoir mentionné qu'une attaque de la brigade anglaise de Somerset sur une colonne d'infanterie française venait d'être repoussée.

« *Au moment de la retraite de Somerset, la cavalerie française qui soutenait la colonne se mit en devoir d'avancer. La cavalerie néerlandaise de Trip était sous la main. Uxbridge prévenu en sa faveur par un extérieur favorable, et voulant exciter en elle le courage et l'enthousiasme, se plaça devant le front de manière à en être vu, et commandant la charge il la conduisit à l'ennemi. Il n'avait fait encore que peu de chemin lorsque son adjudant, le capitaine Horace Seymour, s'élança après lui pour l'avertir qu'il n'était suivi par aucun homme de la brigade. Faisant volte-face, il se rendit aussitôt auprès du général Trip, et lui parla avec emportement. Adressant ensuite à la brigade les paroles les plus encourageantes, et l'excitant par les gestes plus vifs et les plus expressifs, il renouvela l'ordre de charger et s'élança une seconde fois en personne ; mais ses efforts restèrent sans succès. Uxbridge irrité et rempli d'indignation s'éloigna alors de la brigade, laissant à son général la liberté d'en faire ce que bon lui semblerait ; lorsque la cavalerie française, qui ne vit que trop bien cette hésitation, se précipita en avant, les Néerlandais firent volte-face, et se retirèrent avec tant de précipitation et de désordre, que les deux escadrons de droite du 3e de hussards de la légion allemande eurent toute la peine du monde pour se tenir en place, et pour ne pas être entraînés dans leur fuite désordonnée.* »

That is untrue, disait un jour O'Connell dans la Chambre des Communes, et de cette expression peu parlementaire du chef moral de l'Irlande nous faisons ici la nôtre. A une telle accusation voici donc notre réponse : il n'est pas vrai. Il n'est pas vrai que la brigade Trip ne prît aucune part au combat, ni qu'elle se soit enfuie honteusement au champ de bataille ; au contraire, elle a chargé à diverses reprises et avec bonheur la cavalerie française ; elle a largement sacrifié pour remporter la victoire : la mort de *trois* de ses officiers supérieurs, la mort ou les blessures de 15 autres officiers, la perte de plus de 300 cavaliers (pertes qui constituent presque le quart de sa force, et surpassent de beaucoup celles des brigades anglaises et allemandes, Ponsonby et Somerset exceptées), prouvent jusqu'à l'évidence combien est fausse et mensongère l'accusation de S. contre une cavalerie qui a éprouvé tant de pertes. — L'ouvrage de l'auteur anglais ne renfermerait que cette seule accusation contre l'armée néerlandaise qu'elle lui attirerait la haine et le juste mépris de cette armée! (2)

Ensuite il n'est plus question de la cavalerie néerlandaise qu'à la page 105, où l'on met dans la bouche de Somerset une expression offensante pour elle. Wellington voyant que la brigade de ce général était trop exposée au feu de l'artillerie française lui envoya l'ordre de reculer. Somerset répondit: « *que ce mouvement rétrograde ferait aussitôt lâcher le pied à la cavalerie néerlandaise qui se trouvait en arrière.* » — Nous ne savons pas de quelle cavalerie néerlandaise il est ici question; mais n'importe, l'accusation est fausse; nos brigades de cavalerie, nous le répétons, eurent plus de part au combat, plus de pertes que la plupart des autres brigades de l'armée de alliés.

S. reconnaît que plus tard, vers 6 à 7 heures, le nombre des fuyards dans les régiments anglais ne fut pas peu considérable. Voici ce qu'il dit (pag. 146, tom. II):

« *Les brigades de cavalerie, anglaises et allemandes, excepté celles de l'aile gauche, Vivian et Van de Leur, étaient réduites à moins de la force ordinaire des régiments. Les brigades réunies de Somerset et de Ponsonby ne formaient pas même deux escadrons. Il est vrai, plusieurs avaient quitté les rangs pour secourir les blessés....* »

Nous allons examiner un peu de près cette dernière assertion.

A Waterloo, les forces réunies des 1e et 2e brigades de cavalerie anglaise (Somerset et Ponsonby) formaient un total de 2400 hommes (Sib. tom. I, pag. 460); les pertes des deux brigades montaient à 1058 (S. tom. II, pag. 502); donc elles devaient compter sous les armes encore 1342 hommes, et cependant vers 6 à 7 heures du soir ces deux brigades réunies n'auraient pas même formé *deux escadrons* Nous nous rappelons que dans l'une des remarques du *United Service Journal* sur l'ouvrage de Siborne, un des officiers supérieurs de ces brigades dit lui-même : « *que ce n'était plus* qu'un *faible escadron.* » Mais supposons qu'il y ait eu encore deux, de 150 chevaux chacun (les escadrons anglais n'avaient d'ordinaire pas même cette force), alors les deux brigades ne comptaient à l'heure indiquée encore que 300 hommes, quand il devait y avoir 1342 ! Où donc se trouvaient les autres 1042, qui n'étaient ni tués, ni blessés, ni prisonniers, mais non plus dans les rangs? Nous ne croyons pas qu'il soit hasardé de conclure de ce qui précède, qu'ils avaient pris la fuite. Donc, on peut prouver par l'ouvrage de S. que sur 2400 hommes de ces brigades Somerset et Ponsonby, louées si excessivement à cause de leur valeur, 1000 avaient pris *la fuite* vers la fin de la bataille, ou, pour nous servir de l'euphémisme de S., avaient quitté les rangs pour secourir les blessés.

Puisque nous en sommes au chapitre cavalerie anglaise, citons encore une particularité comme une nouvelle preuve de la partialité de Siborne.

Vers la fin de la bataille, alors que toutes les attaques ennemies avaient été repoussées, et qu'il ne restait plus qu'à pousser les débris de l'armée française, la brigade de Vivian (6e) est détachée à l'aile droite. Vivian forme ses trois régiments de hussards par la droite en une colonne de demi-escadrons (Sib. tom. II, pag. 198), passe en arrière de la brigade Maitland, et veut faire exécuter une conversion à gauche afin de s'avancer sur l'ennemi en tournant l'aile droite de cette brigade. Mais le demi-escadron qui se trouve en tête de la colonne fait une conversion à *droite, et s'éloigne de l'ennemi*, au lieu d'en faire une *à gauche pour s'en rapprocher.* Le deuxième veut suivre ce mouvement, mais Vivian accourt, et à force de tempêter et de jurer (*with a considerable degree of emphasis and, it must be admitted, with a good hearty D-n*), il réussit à faire exécuter la conversion à gauche (il paraît donc que le premier demi-escadron était tout-à-fait hors de portée);

le général *lui-même* conduit le deuxième demi-escadron jusqu'à ce qu'aussi le premier *fut ramené en place.* — Il va sans dire, que S. attribue encore tout ceci à *un commandement mal compris*, et qu'il ne dit pas de mal de cette brigade Vivian, lui, qui fait peser de si graves accusations sur la brigade Trip. Cependant, comparez les pertes des deux brigades, et jugez laquelle des deux a combattu le plus. Elles ont à peu près la même force (S. tom. I, pag. 460); celle de Vivian est même un peu plus forte (1279, et Trip 1237 hommes); les pertes de la première montent à 180 hommes (dont 174 des deux régiments de hussards anglais, 6 hommes du regiment allemand, S. tom. II, pag. 502 et 503); celles de la seconde, à plus de 300 hommes; et néanmoins tandis que l'on fait à la brigade anglaise une part si éclatante à la victoire, on soutient que la brigade néerlandaise n'a rien fait. C'est absurde!

On ne dit rien ou presque rien de la coöpération de l'artillerie néerlandaise. Dans une note, pag. 151 (tom. II), se trouve: «*que vers 7 heures du soir Wellington remarquant, sur la droite de la batterie Bolton, six pièces de canon abandonnées par les Néerlandais, ordonna de les emporter.* Mensonge: nulle artillerie néerlandaise ne s'est trouvée là!

Du reste, S. n'a pas un mot d'approbation ou d'éloge pour les troupes néerlandaises; l'auteur anglais est conséquent en ce qu'il ne leur repartit que blâme et outrage. Il dit, page 145: «*que les troupes néerlandaises restaient toujours en réserve, vu qu'il était inutile de les placer là où elles seraient exposées à la violence du combat.*» Il fait dire à certain colonel Felton Hervey, dans une note page 58: *le duc de Wellington a gagné la bataille si seulement nous pouvons faire avancer ces damnés Hollandais.*» Nous ferons observer que nous traduisons comme s'il y avait: «*damned dutch;*» ces mots ne sont indiqués que par: «*d.- d-.*» Nous ne voyons pas l'utilité de cette modestie hypocrite; le sens de l'accusation n'est-il pas assez clair?

Mais si l'armée néerlandaise est si lâchement méconnue, il se peut que justice soit faite au noble Prince qui la commandait. — Mais non, en aucune manière; l'esprit de parti de l'auteur anglais n'épargne pas même un général qui, ayant combattu tant d'années avec gloire sous les drapeaux anglais, avait droit à d'autres procédés. Plus d'une fois S. dirige contre le prince d'Orange des attaques véhémentes, tout aussi exagérées, aussi mensongères que contre l'armée elle-même.

Il dit à la page 87 (tom. II) : «*que le prince d'Orange, fit avancer au secours de la Haye-Sainte les* 5e *et* 8e *bataillons de la brigade Ompteda (légion allemande), en ligne déployée; que tout-à-coup ces bataillons furent chargés par les cuirassiers français; que le* 5e *fut dégagé à temps par la cavalerie de Somerset; mais que le* 8e, *pris à l'improviste, fut presque entièrement détruit (almost entirely destroyed).*» Toujours la même exagération: la perte de ce 8e bataillon a été de 130 hommes (pag. 503)!

Aux pages 114 et 115 du tome II, il est dit : que Alten envoya à Ompteda l'ordre de s'avancer, s'il était possible (if practicable), avec un de ses bataillons en ligne, et de rejeter sur la Haye-Sainte des tirailleurs français qui causaient de grandes pertes aux alliés. Ompteda donna pour réponse : «*qu'il considérait ce mouvement comme dangereux à cause de la proximité de la cavalerie ennemie.*» Dans ce moment d'hésitation accourt le prince d'Orange, qui ordonne à Ompteda de déployer en ligne. Celui-ci fait respectueusement la même objection qu'à Alten; mais S. A. R. s'impatiente, réitère son ordre et défend toute observation. Avec l'abnégation du vrai soldat, Ompteda obéit aussitôt. Les tirailleurs français sont rejetés, mais le 5e bataillon attaqué soudainement par la cavalerie française est dispersé, et perd son commandant. — Encore ici nous croyons reconnaître la partialité de S.; certes il exagère quand il dit : «que l'attaque de la cavalerie fut *terriblement destructive.*» (awfully destructive) pour les Allemands, vu que la perte totale de ce bataillon se monta à 38 tués, 50 blessés, et 74 absents; perte trop grande sans nul doute si l'attaque était inutile; mais l'était elle? y avait-il un autre moyen pour repousser les tirailleurs?

Mais S. rend-il au moins justice à la brillante valeur du prince d'Orange qui, s'il exposa les autres, se ménageait lui-même le moins de tous? le peint-il tel qu'il s'est montré dans cette journée de Waterloo, volant d'un carré à l'autre, se trouvant là où le danger est le plus grand, ranimant partout par son courage le courage des siens? en aucune manière; il n'en est pas question; et ce n'est qu'en passant, à l'occasion de la blessure que reçut le Prince, qu'on lui donne un mince éloge. Voici le passage qui s'y rapporte (pag. 155—156, tom. II).

« *Les tirailleurs français avançaient toujours en une ligne compacte, et les roulements des tambours qui battaient la charge annonçaient l'approche des colonnes qui les suivaient immédiatement. Le prince d'Orange, prévoyant que le centre des alliés allait être percé si l'on ne faisait un effort énergique pour arrêter l'ennemi, ordonna au 1r et au 2e bataillon de la brigade Kruze de se porter en avant, et il se mit bravement (gallantly) à leur tête. Bientôt S. A. R. fut atteint d'une balle à l'épaule gauche, l'attaque fut repoussée etc.* »

Et voilà tout ce qu'on en dit; mais qu'il soit question d'un général anglais, et l'on prodigue les louanges, comme s'il s'agissait d'un Hannibal ou d'un César. (5)

C'est un fait connu que vers la fin de la bataille, et avant l'arrivée des Prussiens, la position de Wellington était assez critique; aussi S. le reconnaît-il en plus d'un endroit. Wellington concentra alors toutes ses forces encore disponibles au centre, contre lequel s'acharnait l'ennemi; parmi ces troupes se trouvait la division néerlandaise Chassé, forte de 12 bataillons et de deux batteries, divisée en deux brigades sous les généraux d'Aubrémé et Detmers. Quoique cette division ne prît part au combat que vers la fin, elle a cependant exercé une influence importante, et a puissamment contribué à repousser la dernière attaque de la garde impériale. Son artillerie à cheval, sous Krahmer et Van der Smissen, soutint par son feu l'artillerie anglaise, lorsque la position de celle-ci était devenue critique par le manque de munitions et l'approche des colonnes ennemies; l'artillerie néerlandaise, dirigeant un feu meurtrier de mitraille, et la brigade Detmers, s'élançant en colonne serrée sur la garde impériale, la firent reculer. Voilà la part de la division Chassé à la bataille de Waterloo, telle qu'elle a été confirmée par son vaillant commandant, telle que l'a reconnue le général anglais Hill, qui commandait l'aile droite des alliés. — Qu'on juge d'après cela du récit de Siborne.

Après avoir mentionné que la brigade Maitland prit la fuite, à l'approche de la deuxième colonne d'attaque de la garde française, S. parle en ces termes de la brigade d'Aubrémé, formée en arrière de Maitland (pag. 172, tom. II):

« *La brigade Aubrémé, de la division néerlandaise de Chassé, qui, comme il a été dit plus haut, était placée derrière Maitland, sur le terrain qu'avaient occupé les troupes de Brunswick, présentait alors 3 grands carrés de 2 bataillons chacun. Ces troupes, entendant les grands cris que poussait, en s'approchant, la deuxième colonne de la garde impériale, — cette même colonne qui était tombée sur les derrières de la brigade anglaise, de la garde, lorsque celle-ci revenait de son attaque victorieuse à son emplacement primitif, — ces troupes parurent si vacillantes* (unsteady), *manifestèrent un penchant si prononcé de quitter les rangs, que Van de Leur, qui alors se trouvait en arrière d'elles avec sa brigade de dragons légers, jugea nécessaire de remplir les intervalles de ses escadrons, pour mieux leur empêcher la retraite; et, remarquant que les carrés allaient se disperser, il se porta en avant, accompagné de plusieurs de ses officiers, et essaya par des menaces et des exhortations à les faire tenir. Les officiers néerlandais s'efforçaient de leur mieux à rétablir l'ordre et la confiance; mais les soldats étaient évidemment résolus à quitter leur position. Entre eux et la colonne d'attaque se trouvait encore la crête de la colline, occupée par la première ligne du Duc, qui leur donnait un exemple éclatant d'une discipline parfaite, d'une fermeté inébranlable, d'une résignation cou-*

rageuse. Des assaillants mêmes ils ne voyaient absolument rien, mais les seuls cris de ceux-ci paraissaient suffire pour les chasser du champ de bataille. En outre ils ne faisaient que d'arriver sur le théâtre de la lutte; ils n'avaient pas encore été aux mains avec l'ennemi, tandis que la brigade anglaise de la garde avait été exposée pendant 8 heures à une canonnade incessante, à plusieurs attaques désespérées, tant de la cavalerie, que de l'infanterie. C'est de tels éléments que se composait la seconde ligne du Duc.»

Et ensuite à la page 185, après avoir mentionné la défaite de la deuxième colonne de la garde impériale, que S. attribue à la division Adam:

«*A cet instant le Duc se retourna pour ordonner aux troupes, qu'il croyait sous sa main, de combler le vide, laissé dans sa première ligne par la division Adam, qui s'était portée en avant; mais quel spectacle s'offrit à ses regards! Les trois carrés néerlandais de la brigade Aubrémé, dont la contenance chancellante, décrite ci-dessus, était devenue beaucoup plus mauvaise, lorsque les décharges et les cris sur la pente de la colline, cachée à leurs regards, allaient en augmentant, ces carrés étaient sur le point de se débander. Les flancs en étaient déjà dégarnis; çà et là des files entières voulaient quitter les rangs; plusieurs officiers de la brigade Van de Leur, qui, comme nous avons dit, se trouvait derrière eux, faisaient tous les efforts pour les retenir, ce que le Duc voyant il s'écria: «fort bien; dites leur que les Français sont en retraite.» Cette nouvelle, reçue et répandue dans les rangs, eut le succès voulu, l'ordre se rétablit. Peu après ils se formèrent en colonne et allèrent se placer dans la première ligne.*»

C'est de plein droit qu'après cette foule de mensonges, que nous avons déjà relevés dans l'auteur anglais, nous n'ajoutons aucune foi à cet exposé. Même en l'adoptant il prouverait tout au plus que l'on a remarqué dans la brigade d'Aubrémé un certain trouble, de l'indécision, voire même qu'elle fut *sur le point de se disperser*, — mais cependant qu'elle resta réunie, et que *peu après* elle prit place en première ligne. Sont-ce là des circonstances, qui autorisent à parler avec tant de dédain de ces troupes? — il est vrai, elles n'avaient presque pas encore pris part au combat; mais voilà qu'elles arrivèrent là où il était le plus violent, et où, selon le témoignage de S. même, la ligne de bataille des alliés offrait un aspect décourageant: les régiments étaient réduits à l'effectif de compagnies, tout présentait l'image d'une défaite totale. Nous rappelons à l'auteur anglais qu'il dit lui-même, page 158, que cet état de choses fit une impression des plus décourageantes sur les brigades de cavalerie Vivian et Van de Leur, et y porta au plus haut degré le doute et l'incertitude (*Thoughts, by no means akin to anticipations of victory .... feeling of extreme doubt and incertainty*). Les bataillons d'Aubrémé avaient devant eux la brigade Maitland; oui, mais c'est justement cette brigade, qu'ils virent tourner le dos à l'ennemi et *s'enfuir précipitamment*; et rien n'était moins propre à leur donner «*cet exemple éclatant de parfaite discipline, de fermeté inébranlable, de résignation courageuse*,» dont parle S. Après cela serait-il étrange que ces bataillons eussent montré quelque hésitation? et aurait-on acquis par-là le moindre droit d'accuser ces troupes, avec tant d'emportement, d'avoir manqué à leurs devoirs, de lâcheté? Voilà ce qu'on pourrait répondre si l'on croyait les contes de S.; quant à nous, nous n'en croyons rien.

S. ne dit pas un mot, ni de la coopération de la division Chassé, lorsque la garde impériale fut repoussée, ni du feu des batteries montées Krahmer et Van der Smissen, ni de l'attaque à la baïonnette de la brigade Detmers. La vérité de ces faits est cependant démontrée trop clairement pour qu'elle puisse être révoquée en doute.

Du reste il est étrange que S., tandis qu'il parle au long de la brigade d'Aubrémé, se tait presque entièrement de la brigade Detmers. Quand il en est question, page 151, c'est en termes assez obscurs: «.... *l'autre brigade de la division néerlandaise de Chassé, sous le général-major Dit-*

mer, reçut peu de temps après l'ordre de se rendre sur la gauche de la brigade anglaise de Maitland (was ordered to move in the direction of the left of Maitland's British brigade). » Van Löben-Sels au contraire dit formellement, que la première attaque de la garde française fut repoussée par les troupes qui se trouvaient *à gauche* de Chassé; de sorte que la brigade Detmers n'a pas été *à gauche*, mais *à droite* de la brigade Maitland. — Nous ferons observer d'ailleurs que les journaux militaires anglais attaquent le plus l'exactitude du récit de cette dernière période de la bataille de Waterloo; on conteste à l'auteur, et le nombre de colonnes avec lesquelles la garde française fit son attaque, et la direction qu'elles prirent, et les corps des alliés qui les repoussèrent. Chacun veut avoir contribué à cette dernière victoire sur la célèbre garde de Napoléon. Pour satisfaire tout le monde, il faudrait presque diviser la garde en autant de colonnes que les alliés avaient de régiments. Nous nous rappelons qu'un de ces écrits polémiques, généralement assez diffus, mentionne la brigade Detmers.

Il va sans dire que dans le récit de l'auteur anglais il n'y a que l'artillerie anglaise qui ait agi dans cette période de la bataille; la nôtre n'y figure point, pas plus que notre cavalerie; par contre, les soi-disant actions héroïques des brigades Vivian et Van de Leur y occupent d'autant plus de place.

Après avoir terminé le récit de la bataille de Waterloo, S. établit une comparaison entre les forces des deux armées à divers moments de la bataille, pour rehausser par-là la gloire des alliés. Encore là, comme partout ailleurs, il y a absence de bonne foi. « *Le procédé le plus simple et le plus rationnel pour comparer les forces relatives de deux armées*, » dit S. (tom. II, pag. 254,) « *c'est de placer en regard les totaux respectifs des bataillons, des escadrons et des bouches à feu.* » — Ce procédé ne sera rationnel que pour le cas que ces bataillons et ces escadrons ont la *même* force; dans le cas contraire, il donnera un résultat entièrement faux. P. e., nous trouvons, page 255 (tom. II), « *que la force totale de l'armée française mon-*

tait à 104 *bataillons*, 121 *escadrons*, 256 *bouches à feu ; celle de l'armée de Wellington* (pag. 257) *à* 85 *bataillons*, 98 *escadrons*, 156 *bouches à feu.* » Donc quand on se borne à un examen superficiel, on en vient à la conclusion que, puisque l'armée française comptait 19 bataillons, 21 escadrons et 90 bouches à feu de plus que l'armée de Wellington, la première avait une *grande* supériorité sur celle-ci, une supériorité de presque le *quart* de la force des alliés. Cependant en comparant les forces *numériquement* (tom. I, pag. 461), on voit que l'armée française était de 71,947 hommes, celle des alliés de 67,661 ; la différence allait donc peu au-delà de 4000 hommes ; seulement en artillerie les Français avaient une supériorité importante.

En ne comptant pas la division Chassé, la force primitive de l'armée de Wellington était de 75 bataillons, de 98 escadrons et de 140 bouches à feu. S. en dit (tom. II, pag. 285 et suivantes) :

« *Presque tous ces bataillons passèrent successivement dans la première ligne, et tous se comportèrent de la manière la plus courageuse et la plus exemplaire, excepté* 5 *des bataillons néerlandais, qui se retirèrent précipitamment à l'approche des Français, lors de la première grande attaque sur le centre et l'aile gauche des alliés, et qui ne prirent plus une part active au combat. Le reste des* 10 *bataillons, au service du roi des Pays-Bas, se composait de* 3 *bataillons, formant le* 2e *régiment du contingent de Nassau, et de* 2 *bataillons d'Orange-Nassau, sous les ordres du prince Bernard de Saxe-Weimar ; ils occupaient les maisons et les enclos devant le front de l'extrême gauche de la ligne de bataille (excepté le* 1r *bataillon du* 2e *régiment de Nassau, qui était à Hougemont). Ces troupes se conduisirent très-bien* (very well).

Une partie considérable, un tiers environ, de la cavalerie précitée était de la cavalerie néerlandaise ; mais quoique le nombre de ses escadrons augmentait sur le papier l'effectif de cette arme, la valeur réelle de ses services dans la bataille n'y fut nullement pro-

portionnée; aussi le poids des combats de cavalerie porta-t-il presque exclusivement sur les dragons anglais et allemands. Cette observation est applicable au même dégré à l'artillerie. »

A la page 257 il est question de l'assistance que prêta la division Chassé:

« *Par ce qui précède, on pourra juger suffisamment du secours que tira le duc de Wellington de ce renfort de 12 bataillons néerlandais. — L'une moitié ne fut retenue sur le champ de bataille qu'avec la plus grande peine, quoique n'étant ni en action, ni à même de voir l'ennemi; et l'autre moitié ne vint en première ligne (à gauche de la brigade Maitland) qu'au moment du mouvement offensif général.* »

Enfin S. nous donne ce qui suit comme une espèce d'apologie de ses accusations contre l'armée néerlandaise (dans une note, page 259 et 260):

« *Comme aucune histoire de cette campagne ne décrit si en détail la conduite des troupes néerlandaises, quelques-uns me croiront peut-être à cet égard d'une sévérité exagérée; cependant je n'ai rien avancé que je ne puisse prouver par les renseignements détaillés que m'ont fournis des témoins oculaires; dans un ouvrage qui a pour but de donner les particularités les plus complètes sur toutes les dispositions et tous les mouvements des divers commandants, il aurait été pour moi de toute impossibilité de remplir ma tâche sans expliquer l'influence que cette conduite a exercée. J'ai donné* (pag. 257) *comme cause probable de cette inactivité relative* (apathy), *le mécontentement que causait à ces troupes la réunion de la Hollande et de la Belgique en un royaume des Pays-Bas, mais il ne peut entrer dans mon plan d'approfondir cette cause, quelle qu'elle puisse avoir été; ce sont les faits dont je m'occupe, et, vu que ces troupes représentaient une forte fraction de l'armée de Wellington, je ne pouvais taire des faits de la nature de ceux que j'ai mentionnés, sans commettre une grande injustice à l'égard et des mérites du reste de cette armée, et des talents du général qui combattit à Waterloo dans des circonstances aussi défavorables.* « Magna est veritas et prevalebit », *et vingt-huit années font certes un assez grand espace de temps pour que la sensibilité de quelques personnes intéressées doive céder à la vérité de l'histoire. Vers ce but important, un grand pas vient d'être fait par le courageux compilateur* (Gurwood) *du recueil des dépêches de Wellington; le dernier tome de son ouvrage nous apprend, qu'avec une modestie et une abnégation incomparables, le Duc a détourné de son projet certain littérateur qui voulait écrire une histoire de cette bataille; évidemment il fut guidé par la conviction qu'un récit véridique devenait impossible, si l'on n'indiquait en même temps le manque de zèle et de coöpération d'une partie des troupes; c'est ce que prouve la citation suivante:*

« Les fautes et la conduite blâmable de quelques-uns donnèrent à d'autres l'occasion de se distinguer, et furent peut-être aussi la cause de pertes matérielles; et il est impossible que vous composiez une histoire véridique de la bataille, sans que vous fassiez mention des fautes et de la conduite blâmable au moins d'une partie de ceux qui y combattirent. »

(Dispatches etc., vol. XII, pag. 590).

« Et puis à une lettre du Duc de Wellington, accompagnant le rapport de la bataille à sa Majesté le Roi des Pays-Bas, est ajouté ce post-scriptum très-significatif:

« P. S. — J'ai marqué au crayon des paragraphes dans mon rapport, que je prie votre Majesté de ne pas laisser publier. »

(Dispatches etc., vol. XII, pag. 501).

« Il est parfaitement vrai qu'il y eut plus d'une exception honorable à la tiédeur générale des troupes. La plupart des officiers paraissaient être bien intentionnés, et à diverses reprises on les vit s'efforcer de ranimer l'enthousiasme en apparence assoupi de leurs

soldats; la circonstance qu'un major hollandais avec un escadron de hussards suivit volontairement la brigade Vivian, lorsqu'elle se porta en avant contre le centre de la position ennemie, prouve que l'armée néerlandaise comptait dans ses rangs des hommes auxquels ne manquait ni la volonté, ni même le désir de se comporter comme de bons et de courageux soldats.»

Nous venons de réfuter de point en point les accusations de l'auteur anglais; avant de finir, rappelons succinctement les principaux incidents de la conduite des Néerlandais à Waterloo.

Pour rehausser la gloire des troupes anglaises et allemandes, et, comme S. dit lui-même *«pour ne pas commettre une grande injustice à l'égard des mérites de ces troupes, et des talents de celui qui dirigea la bataille dans des circonstances aussi défavorables,»* S. veut démontrer que les Néerlandais, forts, selon lui, de:

22 bat., 28 esc. et 52 bouches à feu, mais qui réellement ne formaient que:

22 bat., 23 esc. et 52 bouches à feu, ne prirent presque pas de part à la bataille. S. n'excepte que les 5 bataillons de la brigade Saxe-Weimar, dont il dit en passant *«qu'ils se conduisirent très-bien.»*

Voilà comme parle l'auteur anglais de la conduite d'une brigade qui dans cette bataille ne le céda en valeur à nulle autre. Bien que ces troupes ne soient pas néerlandaises, leur gloire est cependant trop intimement liée à celle de notre armée, le général qui les commandait est placé trop haut dans son estime, pour que nous restions insensibles au tort, fait aux vaillantes troupes de Nassau.

Des bataillons néerlandais, 5 appartenaient à la brigade Bylandt, et 12 autres formaient la division Chassé. La brigade Bylandt fut culbutée ou se retira à la première grande attaque de l'ennemi; mais cela ne dit pas qu'elle ne prit pas de part au combat. N'avait-elle pas éprouvé de grandes pertes deux jours auparavant à Quatre-Bras, lorsqu'elle dut résister au premier choc des Français? N'avait-elle pas été exposée, dans sa position avancée à Waterloo, pendant deux heures à une canonnade meurtrière? Et ne s'est-elle pas ralliée (et ceci également d'après le témoignage de témoins oculaires entièrement dignes de foi), n'a-t-elle pas pris une part active au combat entre les divisions d'Erlon et les bataillons des alliés?

Pour ce qui concerne la division Chassé, il est vrai que ce ne fut que dans les derniers moments du combat qu'elle y prit part; mais cette part fut importante, et tout autre que la donne l'auteur anglais. Nous avons déjà fait voir combien est partial et malveillant ce que S. dit de la brigade Aubrémé; ce qu'il dit de la brigade Detmers, savoir: « *qu'elle ne vint en première ligne à gauche de Maitland qu'au moment du mouvement offensif général*, » est tout aussi faux. — La brigade Detmers, qui se trouvait à *droite* et non pas à *gauche* de Maitland, y était déjà pendant longtemps, d'abord avec 3 bataillons, plus tard tout entière, remplaçant d'autres bataillons des alliés, qui en ce moment n'étaient plus en état de résister; enfin, lors de la dernière attaque de la garde française, elle s'avança en colonne serrée et la baïonnette en avant contre l'ennemi, et contribua à repousser cette attaque. Voilà des faits qui ont été confirmés par le commandant de la division, le général Chassé, et qui par conséquent ne peuvent être révoqués en doute. Que S. n'ait pas connu l'ouvrage de Van Löben Sels c'est possible; mais ne connaît-il non plus la lettre du général Chassé à lord Hill, et la réponse où ce dernier parle avec les plus grands éloges de la division que calomnie Siborne? (4)

La cavalerie néerlandaise aussi peut se faire honneur de sa conduite à Waterloo; et les généraux Collaert et Van Merlen, Coenegracht et tant d'autres braves, qui y trouvèrent la mort le sabre à la main, n'auraient certes pas pensé qu'un jour on ferait peser sur eux l'accusation déshonorante d'avoir évité le combat comme des lâches. Cette cavalerie exécuta des charges *réitérées* contre l'infanterie et la cavalerie ennemies, combats tantôt heureux tantôt défavorables, mais toujours glorieux. Entr'autres nous trouvons consigné: que les carabiniers de Trip culbutèrent deux fois les cuirassiers de Milhaud, et leur firent un grand nombre de prisouniers; qu'à la dernière attaque des alliés la cavalerie néerlandaise se porta en avant avec les brigades Vivian et Van de Leur, et qu'alors elle éprouva encore des pertes importantes. S. le reconnaît tant soit peu lorsqu'il dit : « *qu'à cette attaque la brigade de Vivian était suivie par un escadron de hussards néerlandais.* » Mais l'auteur anglais paraît ne pas comprendre, qu'il se pourrait très-bien que ce qu'il nomme escadron ait été les débris de tout un régiment; car dans la cavalerie anglaise des brigades entières n'avaient plus que la force d'un escadron, et les pertes de la nôtre n'ont pas été moins considérables.

L'artillerie néerlandaise, sur la conduite de laquelle on a gardé le silence, fit cependant son devoir tout comme le reste de l'artillerie des alliés. Nous avons démontré la fausseté de ce qu'elle aurait abandonné six de ses pièces sur un point de la position, puisqu'il ne s'est trouvé sur ce point aucune des batteries néerlandaises; si donc il est vrai que six pièces ont été abandonnées (ce dont nous doutons fort, car le récit entier de S. se fonde sur des *on-dit*), elles ont appartenu à l'artillerie anglaise ou allemande. Que, à la dernière attaque de la garde française, l'artillerie de Chassé vola au secours de celle des Anglais, dans un moment où celle-ci se trouvait dans une position critique; que cette artillerie, sous Krahmer et Van der Smissen, dirigea un feu meurtrier contre les colonnes d'attaque; qu'elle en brisa les forces; que c'est principalement à elle qu'on le doit d'avoir repoussé la garde de Napoléon; de tout cela S. ne dit pas un mot. Mais le témoignage d'un Chassé est là pour confirmer ces faits, pour prouver que déjà à cette époque l'artillerie néerlandaise ne le cédait en rien à aucune artillerie des armées européennes.

Siborne défend ses accusations par l'obligation qui pèse sur l'historien de devoir dire la vérité; nous ne nions pas cette obligation, mais nous nions qu'il ait dit la vérité. L'auteur se couvre en outre de l'autorité de Wellington, et dans une ou deux expressions vagues et obscures, qui se trouvent dans les lettres de ce général, S. veut voir la preuve que Wellington aussi a une opinion défavorable de la conduite des troupes néerlandaises à Waterloo. Ces expressions n'ont pas pour nous le même sens qu'elles ont pour S.; elles ne nous donnent nullement la preuve que l'armée néerlandaise doit compter aussi parmi ses adversaires le duc de Wellington; — mais alors même que cela serait, alors même que le général anglais eût adopté comme les siennes toutes les assertions de S., même alors nous prendrions la liberté de les réfuter. Nous aussi nous disons et avec plus de droit que l'auteur anglais: *« magna est veritas et prevalebit »*, — et nous croyons qu'on doit défendre la vérité sans égard pour la personne de l'adversaire.

En outre, avouons-le franchement, nous ne voyons pas dans Wellington le juge le plus compétent de la conduite des troupes qui combattirent à Waterloo sous ses ordres. Cette proposition peut paraître tant soit peu paradoxe, mais quelques éclaircissements feront voir qu'elle n'est pas dénuée de fondement.

Nous n'appartenons nullement à ces adversaires systématiques de la gloire de Wellington qui, marchant aveuglement sur les traces de Napoléon et du grand nombre d'écrivains de l'école de l'empereur, lui refusent toute capacité, le moindre génie comme général d'armée, qui n'attribuent ses victoires qu'à la fortune et à la valeur de ses soldats. Nous croyons que c'est méconnaître entièrement le caractère de Wellington comme général. Sans nul doute la fortune entre pour quelque chose dans les victoires qu'il a remportées; mais la fortune ne fait pas tout, et quand nous voyons comme chez Wellington qu'elle favorise un général pendant une longue suite d'années, nous pouvons ordinairement en conclure que par de grandes qualités il a su enchainer la Déesse inconstante à ses drapeaux. L'étude des campagnes de Wellington confirme pleinement cette vérité générale, et nous donne la conviction que, si le général anglais ne possède pas le génie hardi et créateur qui caractérise Hannibal et César parmi les anciens, Frédéric II et Napoléon parmi les modernes, que s'il n'appartient pas au très-petit nombre de sommités dont la gloire colossale retentit de siècle en siècle, il a droit cependant à une place éminente parmi les capitaines de second ordre.

Quand nous recusons le duc de Wellington comme juge compétent de la conduite des troupes qui combattirent sous lui à Waterloo, — ce n'est nullement parce que nous n'avons pas foi dans ses talents, ou que nous craignons que son jugement soit partial en faveur de ses compatriotes; car quand on étudie les actes de ce général, on y voit percer un esprit si prononcé de droiture et de sévère justice, que dans cette polémique nous en appellerions à lui en toute confiance; mais ce qui nous retient, ce qui nous fait douter de la compétence de Wellington, c'est que le général anglais n'a connu qu'imparfaitement tout ce qui s'est passé sur le champ de bataille de Waterloo. Et celà n'est pas étonnant: il n'y à rien d'étrange à ce que le général anglais, au milieu de la confusion de cette terrible mêlée, voyant une défaite menaçante suspendue au-dessus de lui des heures entières, incessamment occupé à expédier des ordres pour détourner la défaite, et absorbé par des soins importants, n'ait eu ni le temps ni le besoin de suivre sans relâche les différentes parties de son armée, et d'observer comment elles se comportaient dans cette lutte acharnée.

Nous aussi nous avons parcouru le recueil des lettres et des ordres de Wellington, publié par Gurwood, et nous avons trouvé plus d'un endroit qui prouve la vérité de notre assertion. Quand on lit (tom. XII) les lettres, les dépêches et les rapports, qui traitent de la bataille de Waterloo, on les dirait de quelqu'un qui s'est trouvé le 18 Juin à cent lieues du champ de bataille, tant ils dénotent une ignorance profonde et incroyable des évènements. Nous donnerons une couple d'échantillons qui démontreront presque à l'évidence, combien Wellington était éloigné de savoir exactement ce qui se passait à Waterloo, combien il connaissait peu une bonne partie des troupes qu'il commandait.

Wellington porte un jugement très-défavorable sur la belle défense de la Haye-Sainte, et peu s'en faut qu'il n'accuse dans ses lettres le vaillant Baring, d'avoir manqué à ses devoirs (voyez: Gurwood, Dispatches, etc., tom. XII, pag. 610). Selon lui, la Haye-Sainte était déjà à deux heures au pouvoir de l'ennemi, tandis qu'il est notoire que la résistance de cette ferme a duré jusqu'à six heures et même au-delà.

Parmi les officiers de l'armée néerlandaise, dont Wellington fait une mention honorable, se trouve un brigadier Van Hope (voyez : Gurwood, tom. XII, pag. 484). *Aucun général de ce nom n'a existé dans l'armée néerlandaise.* — Lorsque le français De Guiche transforma dans ses mémoires le nom de notre amiral Tjerk Hiddesz en Kierkides, la consonnance de ces deux noms l'excusait en quelque sorte; mais avec la meilleure volonté du monde il est impossible de changer en Van Hope le nom d'un de nos généraux de Waterloo. C'est un nom pris au hasard, venu à Wellington nous ne savons d'où; mais cette circonstance fait voir jusqu'à quel point l'armée néerlandaise lui était inconnue, puisqu'il ne connaissait pas même de nom les généraux de cette armée.

Nous assurons qu'on trouve dans le recueil de Gurwood plus de semblables exemples d'ignorance, et cela mettra hors de doute que Wellington n'est pas le juge le plus compétent de la conduite de ses troupes. Donc l'opinion du général anglais fut-elle même défavorable, l'armée néerlandaise ne serait pas tenue d'y souscrire; — mais, nous le répétons, nulle part nous n'avons trouvé la moindre preuve que telle est l'opinion de ce général, ni qu'il couvre de son nom les calomnies de Siborne.

A l'exemple de cet auteur on pourrait recueillir des officiers néerlandais encore en vie, qui ont fait la campagne de 1815, des renseignements, qui sans nul doute mettraient en état de donner de cette campagne un récit diamétralement opposé à celui de Siborne. Mais combattre des assertions par des dénégations, des témoignages anglais par des témoignages néerlandais, n'avancerait pas la question. Nous tâcherons de vider le procès d'une autre manière, à l'aide de nombres, dont la vérité incontestable détruira tous les sophismes.

S'il est vrai, comme le prétend l'auteur anglais, que l'armée néerlandaise a été d'un si faible secours pour Wellington; si cette armée a montré si peu d'énergie et de courage qu'elle évita le combat et resta à peu près inactive; alors il est clair qu'elle doit avoir eu peu de pertes, au moins ne seront-elles pas proportionnées à celles des autres parties de l'armée de Wellington. Nous savons fort bien, que dans une *défaite générale* telle partie qui fuit et que l'ennemi atteint dans sa poursuite peut éprouver plus de pertes que telle autre partie qui se défend courageusement, mais cela ne fut pas le cas à Waterloo, où les fuyards des alliés, dès qu'ils avaient quitté le champ de bataille, ne couraient plus le moindre danger. Les tableaux des tués et blessés peuvent donc nous servir de mesure pour repartir à chacun des alliés sa part à la bataille de Waterloo. Si ces tableaux indiquent que les pertes des Néerlandais furent insignifiantes, nous acceptons les accusations de Siborne; mais s'ils indiquent le contraire, nous soutiendrons que ses accusations sont fausses, et que son récit des événements de 1815 n'est qu'un mensonge continuel.

Nous prendrons toujours ces nombres dans l'ouvrage même de Siborne.

Le 16, 17 et 18 Juin l'armée néerlandaise perdit en tout 3994 hommes (tom. II, pag. 518) (les Anglais n'y comprennent pas les officiers; de là la différence avec les données de Van Löben-Sels). Le 17 elle ne perdit rien; et comme les pertes qu'elle éprouva à Quatre-Bras sont évaluées de 7 à 800 hommes, il s'ensuit que celles de Waterloo montèrent à 3200, entre le *cinquième* et le *sixième* de sa force du 18: cette force étant de 17,784 hommes (S., tom. II, pag. 258).

Comparons maintenant ces pertes avec celles du reste des alliés.

Nous ne parlerons pas de l'armée prussienne. Forte de 51,944 hommes (tom. II, pag. 497), elle perdit à Waterloo 6,296 hommes (pag. 519), donc pas même un *huitième*; mais arrivée tard sur le champ de bataille il est tout naturel qu'elle eût moins de pertes, et il serait injuste d'employer cette perte comme terme de comparaison.

Nous laisserons donc de côté l'armée prussienne, et passons aux Anglais, Hanovriens, aux troupes de Nassau, de Brunswick et de la légion allemande.

Les premiers, forts de 25,991 hommes (S., tom. II, pag. 258), en ont perdu 6,044 (pag. 502), c'est-à-dire le *quart* de leur monde. Les pertes des Anglais surpassent donc celles des Néerlandais, et nous reconnaissons même qu'on commettrait une injustice en disputant aux premiers la principale part à la victoire. La vérité doit être reconnue; et nous n'avons point de motifs pour en user comme l'auteur anglais.

Les Hanovriens, forts de 11,220 hommes, perdirent, dans les journées du 16, 17 et 18, 1,818 hommes (pag. 505). Leur perte pendant *trois jours* n'étant donc que du *sixième* au *septième* est décidemment inférieure à celle des Néerlandais, qui dans la seule journée du 18 perdirent entre un *cinquième* et un *sixième*.

Les troupes de Nassau, fortes de 2,880 hommes, en ont perdu à Waterloo 619 (tom. II, pag. 504); entre le *quart* et le *cinquième*, quelque chose de plus que les Néerlandais.

Il en est de même de la légion allemande, qui, offrant un total de 5,824 hommes, en perdit 1,581 (pag. 505).

Enfin les Brunswickois, qui comptaient 5,962 hommes, en perdirent 627 (pag. 504), c'est-à-dire le *neuvième* de leur effectif; perte de beaucoup inférieure à celle des Néerlandais.

En résumé ces nombres nous apprennent: qu'à Waterloo les Anglais ont perdu le *quart* de leur monde, les troupes de Nassau et la légion allemande entre le *quart* et le *cinquième*, les Néerlandais entre le *cinquième* et le *sixième*, les Hanovriens (dans les journées du 16, 17 et 18) entre le *sixième* et le *septième*, et les Brunswickois le *neuvième*. Nous demandons à tout homme impartial si ce résultat ne donne pas un démenti formel à S., ne confond par l'auteur anglais, si prodigue de louanges envers les troupes anglaises et allemandes, et qui nous peint l'armée néerlandaise à Waterloo comme un tas de lâches!

Voilà des nombres, peut-on lui dire, empruntés à votre ouvrage même; ils démontrent d'une manière incontestable la fausseté de vos accusations contre l'armée néerlandaise; ils renversent totalement tous vos raisonnements à ce sujet.

Si ces nombres sont inexacts, quelle valeur a donc l'ouvrage qui les donne ? que deviennent vos prétentions au titre d'historien ? Si au contraire ils sont exacts, que deviennent vos accusations contre l'armée néerlandaise ? que devient votre prétention au titre d'homme d'honneur ? — C'est donc sciemment et contre la vérité que vous avez voulu déverser la honte et le blâme sur nos frères d'armes, qui combattirent en 1815 avec vos compatriotes contre la France ; croyez-vous que cela se fasse impunément ? — Celui qui contre sa conscience accuse faussement une seule personne lui impute une action déshonorante, s'attire la haine et le mépris de tous les gens de bien ; en sera-t-il moins quand on accuse faussement toute une armée, toute une nation ?

Quelque fatiguant qu'il soit de suivre, et de réfuter de point en point les accusations de S. contre l'armée néerlandaise, nous croyons cependant qu'il est de notre devoir de ne laisser rien sans réponse de ce qui est dit au détriment de notre armée. Il nous reste donc à examiner deux faits postérieurs à la bataille de Waterloo.

Nous trouvons (tom. II page 588), «*que le 26 Juin Wellington avait désigné pour l'assaut de Péronne entre autres une brigade d'infanterie néerlandaise, mais que celle-ci était encore en marche lorsque les gardes anglaises, qui avaient reçu l'ordre d'attaquer* en même temps *qu'elle, s'étaient déjà emparées de la forteresse.*» — Cette brigade néerlandaise se trouvait-elle à une distance aussi rapprochée de Péronne que les gardes anglaises ? — C'est ce qu'il fallait démontrer pour que le reproche, adressé à ces troupes, ne fut pas dénué de fondement. Du reste l'impartialité exigeait qu'on mentionnât à la prise de Péronne la coöpération énergique de la demi-batterie montée de Petter, dont Wellington parle avec éloge (Gurwood, vol. XII, pag. 517). Siborne se borne à dire : «*quelques pièces de l'artillerie néerlandaise furent placées dans l'ouvrage à cornes ; le feu fut ouvert contre la ville, mais de part et d'autre il fut insignifiant et de courte durée.*»

Il ne dit pas un mot des actions des troupes néerlandaises devant Le Quesnoy, Valenciennes et Condé.

Nous trouvons (tom. II) page 405 le passage suivant : « *En dépit des mesures du duc de Wellington pour maintenir la discipline, et pour conserver à ses troupes la bienveillance de la population, — son plus grand désir étant que ses soldats fussent considérés comme amis, comme agissant dans l'intérêt du prince légitime, — une partie de son armée se rendit cependant coupable des plus grands excès : c'étaient les Néerlandais, qui ne faisaient nul cas de ses ordres à ce sujet. Ils pillaient partout où ils se trouvaient, même dans le quartier général, même dans la maison du Duc. Ils ne respectaient aucune sauvegarde, et par la force des armes ils délivraient les prisonniers des mains de la gendarmerie que le Duc avait érigée, et chargée de la police dans l'armée. Deux officiers venaient de participer ostensiblement et d'encourager à ces désordres, devenus si graves qu'ils excitèrent la juste indignation du Duc qui les blâma sévèrement. Il ordonna au général commandant cette partie de l'armée de mettre en pleine vigueur son ordre général du 20 Juin, de faire un appel par compagnie d'heure en heure, et de s'assurer qu'officiers et soldats y étaient présents. Il ordonna ensuite d'arrêter les deux officiers coupables, de les envoyer à la Haye, et de les mettre à la disposition du roi des Pays-Bas, auquel il fit parvenir une copie de la lettre contenant cet ordre. Cette lettre, qui est fortement empreinte du mécontentement qu'éprouvait le Duc au moment qu'il l'écrivit, se termine par ce reproche : « je ne veux pas commander de tels officiers. « Je suis assez longtemps soldat pour savoir que les « pillards et ceux qui les encouragent, ne valent rien « devant l'ennemi ; et je n'en veux pas.* »

Si nous sommes bien instruits, il s'en faut de beaucoup que durant cette campagne on ait pourvu à la subsistance des troupes néerlandaises comme à celle des Anglais. Naturellement le soldat a trouvé trop fort de manquer du nécessaire dans un pays ennemi ; et il a pris ce qu'on lui refusait, ce qui lui revenait de droit, — il a pris de quoi vivre. — De là cette accusation de pillage, si facile à former, si difficile à réfuter. La gendarmerie est intervenue, les officiers ont pris parti pour leurs soldats; et voilà le fait pour lequel S. se démène, comme s'il s'agissait d'horreurs surpassant le sac de Magdebourg par Tilly.

Mais on n'a épargné ni le quartier général, ni même la maison où se trouvait le Duc; voilà qui est pis; — mais le soldat qui est exténué de faim et de fatigue, a le malheur de ne pas y regarder de si près. — Du reste il ressort des lettres de Wellington que de tels faits, et des faits pires encore, se sont passés dans différentes parties de l'armée des alliés, surtout dans l'armée de Blücher.

Plusieurs de nos lecteurs croiront peut-être que, puisqu'un officier anglais traite si sévèrement une action, — qu'à la vérité nous ne défendons pas, mais que nous excusons comme une suite naturelle de la guerre, — les armées anglaises se sont toujours distinguées par une discipline *admirable;* que pillage, rapine, violence, sont des choses inconnues dans cette armée. Pour montrer ce qui en est, nous allons citer quelques passages, qui mettront à même de juger de la conduite des troupes anglaises dans la guerre de la Péninsule; nous ne les emprunterons pas à l'ouvrage partial d'un auteur étranger, hostile à l'Angleterre, nous les prendrons dans l'ouvrage classique de Napier; c'est Wellington lui-même qui se prononce sur l'armée anglaise. Qu'on lise et qu'on juge ensuite.

Pendant la campagne de 1809 le général anglais écrivait au ministre Castlereagh: « *on ne peut imaginer un excès quelconque qui n'ait été commis parmi une population généralement amie, par une soldatesque qui n'a jamais manqué de rien, qui n'a pas connu la moindre des privations .... notre armée est excellente pour une revue, excellente sur le champ de bataille, mais pour le pays où se fait la guerre elle est un fléau plus grand que l'ennemi même; et je vous assure que victoire ou défaite concourent dans un même dégré à dissoudre l'armée entièrement.* » Et plus tard, lorsque l'armée anglaise avait réellement à endurer des privations: « *mieux vaut n'avoir point d'armée qu'une armée affamée. L'enthousiasme et la discipline ont disparu; les soldats pillent sous les yeux de leurs officiers. Ceux-ci sont mécontents, et presque aussi mauvais que les soldats.»* En 1814 Wellington écrivait: «*nonobstant tous les efforts du général en chef et des autres officiers la conduite des soldats est infâme* (infamous) .... *il est rare qu'un détachement*, surtout *quand il est sous la conduite d'un sous-officier (ce qui cependant est une exception), ne s'adonne pendant la marche soit au meurtre, soit à la rapine ou à quelque autre crime. Les soldats anglais ont assassiné 8 hommes depuis que l'armée est de retour en Portugal.»* Et en 1812 il écrivait au ministre Liverpool: «*l'armée n'est guère mieux qu'un tas de brigands.*»

Après ces témoignages du duc de Wellington il serait superflu de rappeler les horreurs que commirent les Anglais en Espagne, les meurtres de Badajoz et de St.-Sebastian. Il suffit que nous ayons fait voir, que S. ressemble à la pelle qui se moque du fourgon.

II.

On va nous objecter peut-être, que, quoique l'histoire de 1815 par S. soit injuste, fausse et mensongère à l'égard de l'armée néerlandaise, elle peut avoir d'autres mérites. Cette partie exceptée, elle peut avoir une certaine valeur comme histoire, briller par le style, intéresser enfin sous le point de vue militaire, soit en soumettant à un examen détaillé et réfléchi des principes importants de l'art, soit en portant de nouvelles lumières dans différents débats que fit naître cette campagne. — Rien de tout ceci ne distingue l'ouvrage de S.; nous tâcherons de le démontrer.

Le premier devoir de l'historien est d'être véridique. Dire que S. ne l'est pas après ce qui précède sera inutile. Du point de vue qu'il a choisi il ne considère les évènements que d'un côté, il est trop anglais; son histoire n'est qu'une apologie outrée de Wellington et de l'armée anglaise. En ceci elle a quelque ressemblance avec l'*Histoire de la dernière campagne de Napoléon* par Scheltema; ouvrage qui en exagérations ne le cède pas à celui de l'auteur anglais, et qui sera tout aussi vite oublié. Dans un certain sens les louanges que prodigue Schelteina aux troupes néerlandaises sont à excuser : son ouvrage parut peu d'années après la bataille de Waterloo, et fut écrit dans les premiers moments d'effervescence et d'enthousiasme qui suivirent la victoire ; mais après un intervalle de 28 années cela devient absurde.

L'ouvrage de S. a une certaine valeur pour l'armée anglaise comme contenant une foule de noms d'officiers anglais ; aussi c'est là, nous le croyons, la cause principale de son succès en Angleterre. Chacun est flatté de voir dans une histoire de la campagne de 1815 son nom, ou celui de parents et d'amis, *immortalisé* (qu'on ne s'étonne pas de ce terme, car ne lit-on pas dans un numéro de *L'United Service Journal*: «*que depuis les six mille années que le monde existe jamais ouvrage plus important n'a paru que celui de Siborne*»). Et l'auteur anglais n'est pas avare de noms! Ne croyez pas qu'il s'en tient aux généraux où à ceux qui firent quelque action d'éclat; — bien loin de là : le chef du poste le plus insignifiant, de la moindre patrouille, est cité avec ses noms et prénoms, et dans une note au bas de la page il vous dit ce que cet officier est devenu : en retraite, mort, ou bien le grade qu'il occupe dans l'armée. Pour quelqu'un qui voudrait s'amuser à écrire un recueil de biographies succinctes d'officiers anglais l'ouvrage de Siborne serait d'une valeur inappréciable.

Mais, — ce livre n'est pas une *composition historique*. Pour cela le jugement porté sur Wellington comme général est entr'autres trop exagéré, trop exclusivement louangeur. Qu'un *officier anglais* fasse de Wellington un tel portrait, cela est naturel sans même y chercher un motif intéressé ; — mais nous le condamnons dans un *historien*. Nous croyons volontiers que l'opinion qu'ont en général les officiers anglais de Wellington s'accorde entièrement avec celui de Siborne ; les journaux militaires anglais ne cessent de nous en donner des preuves ; c'est ainsi qu'ils annonçaient il y a peu de temps des *principes de l'art militaire*, tirés des ordres de l'armée et de la correspondance de Wellington, singerie assez maladroite des *maximes de guerre*, extraits des ouvrages militaires de Napoléon. En sa qualité d'officier anglais S. devait juger Wellington comme il l'a fait, mais pour un historien ce jugement est faux. L'historien est placé à un autre point de vue, un point de vue plus élevé; il ne doit pas se laisser entraîner ni par son siècle ni par son pays; ce n'est pas pour ce siècle, pour son pays qu'il écrit, mais pour la postérité; et cette postérité, que n'émeuvent ni les intérêts ni les passions de notre époque, et qui juge le passé avec calme et impartialité, ne goûtera jamais les louanges exagérées que S. prodigue au général anglais.

Nous le repétons: l'histoire de la campagne de 1815 par S. est un ouvrage fait pour son époque, pour sa nation; ce n'est pas une histoire dans la véritable et noble acception du mot.

Les journaux militaires anglais louent dans S. surtout le style; en ce point aussi nous sommes d'un avis contraire. Le style de l'historien doit être clair, exact, énergique — mais surtout simple et naturel; il doit y avoir de la majesté dans la manière dont il peint les événements, jamais la moindre enflure; il doit attacher, convaincre, entraîner et éviter soigneusement tout ce qui sent la recherche et trahit le *faiseur de phrases*; tout ce qu'il dit doit être vrai, et présenter un sens. La réunion de toutes ces qualités, et l'absence de tous ces défauts constituent le style de l'historien. Foy dans son fragment de la guerre de la Péninsule, et mieux encore Thiers dans son histoire du Consulat et de l'Empire présentent des modèles accomplis de ce genre. Alison et Napier y satisfont dans un moindre degré. Quelque excellents que soient les ouvrages historiques de ces deux auteurs, nous croyons cependant que leur style est trop recherché, trop fleuri, et tend trop à l'épopée. Il paraît que S. a pris pour modèle ses deux compatriotes, Napier surtout; mais nous croyons qu'il n'a atteint nulle part à l'éloquence frappante des descriptions de Napier, que chez lui ce style a dégénéré en enflure et en mauvais goût.

On ne peut donner que difficilement une idée du style d'un écrivain par des traductions; rarement elles rendent fidèlement l'image de l'original; — sans cela on pourrait se convaincre par les fragments que nous avons cités, dans le cours de cette réfutation, que dans plus d'un endroit les phrases de S. ne le cèdent ni en longueur, ni en obscurité, ni en développement de phrases incidentes aux plus mauvaises productions de la littérature allemande. Nous nous bornerons à indiquer quelques endroits, qui prouvent, selon nous, l'inaptitude et le mauvais goût de Siborne comme historien.

Dans une note aux pages 24 et 25 du tome I, il cite deux anecdotes sur Blücher, tellement connues et usées qu'un recueil d'anecdotes ne s'en servirait pas dans ses mauvais jours. Cela s'accorde-t-il avec la dignité de l'histoire?

Le passage suivant (tom. I, pag. 46), où il est question de la conduite de Napoléon dans la campagne de 1814, renferme un mensonge ou un contre-sens:

> « *Il parvint, par les victoires éclatantes de Rheims, de Montmirail, de Champ-Aubert et de Montereau non seulement à arrêter le torrent des forces ennemies, mais même à renouer les négociations interrompues.* »

Quelle étrange confusion! la victoire de Rheims ne donna pas lieu à des négociations de paix; elle fut remportée *un mois après* et non avant celle de Montmirail, comme S. paraît le croire. C'est une de ces phrases qui ne souffrent ni examen, ni analyse.

Tome I, page 205, S. compare le village de Ligny: « *à la vallée de la mort, où le roi des épouvantements fête un jour de gala.* » — Métaphore qui sera peut-être d'un grand effet dans la bouche d'un prédicateur méthodiste, mais qui est déplacée dans une histoire.

Tome II, page 303, on trouve le bizarre assemblage suivant: « *Napoléon et Grouchy, grands généraux qu'ils étaient* » (Napoléon and Grouchy, great generals as they were). — C'est comme si en parlant des grands poëtes français on prononcerait Racine et Chapelain tout d'une haleine; c'est comme qui dirait: Gibbon et Siborne, grands historiens qu'ils étaient!

Tome II, page 313, S. établit une comparaison forcée

entre la fuite de Napoléon et celle de Catilina, et cela à l'occasion de l'inscription au-dessus d'une des portes de Charleroi :

« *Abiit, excessit, evasit, erupit.* »

Quel mauvais goût. Si l'étude des anciens porte de *tels* fruits, personne ne regrettera qu'elle soit moins générale chez nous qu'en Angleterre.

Nous le répétons : nous ne pouvons qu'indiquer quelques points, pour faire voir que le style de S. n'est pas celui d'un bon historien ; pour le reste nous renvoyons à l'ouvrage même. Nous recommandons surtout les pages 47 à 53 du tome second. Après le récit de la première grande attaque des Français, suivent six pages de fatras indigeste qui (la comparaison est triviale mais juste) nous donnent une exacte idée de l'éloquence d'un homme qui montre une lanterne magique. — Nous croyons qu'après avoir lu le texte original chacun sera de notre avis.

Passons maintenant à l'examen de la valeur militaire de l'ouvrage de S. ; elle en rachète peut-être tous les autres défauts, et nous en dédommage amplement. Peut-être il en est de S. comme de Clausewitz, qui ne brille ni par son style, ni par son impartialité en fait d'histoire ; mais bien par une grande sagacité et justesse de jugement, qui le placent aux premiers rangs parmi les écrivains militaires. Mais sous ce rapport aussi S. fait pitié ; et nous allons démontrer que cet écrivain, qui s'est mis à juger la conduite du plus grand capitaine de son temps, ne sait pas à beaucoup près de l'art militaire ce qu'on en enseigne dans la plupart des écoles militaires.

Un seul exemple suffirait pour faire ressortir clairement l'ignorance de S. en stratégie. Il dit, tome I, page 45 :

« *Si Napoléon eût différé l'ouverture de la campagne il disposait de plus de troupes ; et il aurait pu faire une puissante diversion, soit contre l'aile droite de Wellington, soit contre l'aile gauche de Blücher.* »

Et c'est un écrivain militaire qui débite de telles choses ! Pour croire que Napoléon eût divisé si follement ses forces il faut n'avoir jamais étudié ses campagnes ; — mais alors on ne se permet non plus d'en juger.

C'est le bout d'oreille d'âne qui a percé, et il est naturel que, d'après ce petit échantillon des connaissances stratégiques de S., on ne s'attendra pas à rencontrer dans son ouvrage de nouvelles vues sur la campagne de 1815; aussi les chercherait-on en vain.

Dans le tome I, page 177 à 244, S. donne le récit de la bataille de Ligny (en grande partie d'après Von Damitz). Pourquoi ne pas faire suivre une critique de la conduite des deux armées dans cette bataille; ceci est de rigueur dans une histoire militaire, où l'on exige plus qu'un simple exposé des événements; dans cette critique Clausewitz pouvait servir de guide. On aurait pu examiner les combats qui furent livrés pour la possession de Ligny, de St.-Amand etc., et faire observer comment les Prussiens y employant trop de troupes, et Napoléon des forces beaucoup moins considérables, l'Empereur, quoique plus faible de 12,000 hommes que son adversaire, disposait encore dans la dernière période de la bataille de 25,000 hommes de troupes fraiches (la garde et Lobau), tandis que Blücher n'avait presque plus de réserve; on aurait pu traiter la question de la possibilité de tirer plus de parti du corps d'armée de Thieleman; il fallait juger la conduite d'Erlon, qui aurait pu produire un effet décisif à Ligny en ne suivant pas les ordres de Ney, convaincu qu'il était qu'en les suivant il arriverait trop tard sur le champ de bataille de Quatre-Bras, et partant qu'il n'y serait d'aucune utilité; on aurait pu .... mais alors l'ouvrage aurait eu une valeur militaire, tandis que ce n'est qu'un mauvais ramassis de renseignements recueillis au hasard.

Quand S. s'enhardit à prononcer un jugement, il est presque toujours dans l'erreur. C'est ainsi qu'il dit à la page 159 du tome I, que Napoléon commit « *une faute* (a false step), *en se faisant rejoindre le* 16 *par le corps d'armée d'Erlon, qui ne pouvait être d'aucune utilité à Waterloo, tandis qu'il est hors de doute que cette faute fit perdre la bataille de Quatre-Bras.* »

C'est là une opinion erronée. Supposez le corps d'armée d'Erlon à Quatre-Bras, et il est probable — quoique ce ne soit pas certain — que la victoire fût restée à Ney ; faites *agir* Erlon sur le champ de bataille de Ligny, et il y a la même probabilité que la victoire remportée sur Blücher eût été *beaucoup plus décisive*. La faute ne consiste donc pas en ce qu'on dirigea le corps d'Erlon sur Ligny, mais en ce qu'on lui fit faire des marches et des contre-marches, de sorte qu'il n'arriva à temps sur aucun des deux points.

Il n'aurait pas été sans intérêt d'examiner les causes de l'arrivée tardive des Prussiens à Waterloo. Car Bulow part le 18 dès l'aube du jour de Dion-le-Mont (S., tom. I, pag. 308), et ce n'est qu'à 4 heures de relevée que les premières brigades (la 15e et la 16e) arrivent sur le champ de bataille (S., tom. II, pag. 127); cependant la distance qu'il avait à parcourir n'est que d'une vingtaine de kilomètres. Ziethen part vers midi de Bierge, et il est 7 heures du soir avant que ses premières troupes se montrent à Waterloo; il n'avait que 16 à 17 kilomètres à parcourir. Il est vrai, les chemins étaient mauvais, et Bulow fut arrêté à Wavre, par un incendie qui s'y était déclaré; mais cependant dans cette journée du 18 les mouvements des Prussiens nous paraissent *lents*, et ils n'arrivèrent *à temps* sur le champ de bataille que grâce à l'heure avancée où Napoléon commença l'attaque.

Un fait qui jusqu'à ce jour n'est pas expliqué c'est que Wellington laissa le 18 une partie de son armée à Halle. Cette partie, sous les ordres du prince Frédéric des Pays-Bas et du général anglais Colville, était forte pour le moins de 15,000 hommes, et dans la bataille de Waterloo il y a eu des moments, que des forces beaucoup moins considérables eussent été pour Wellington d'une valeur inappréciable. Cependant ces troupes sont restées inactives et inutiles à Halle. Dans une note (tom. I, pag. 356) S. dit:

« *Il est étrange que, nonobstant la canonnade violente et continuelle, ces troupes détachées n'entendirent rien du combat, quoiqu'elles fussent si rapprochées. Elles se tinrent en plein air (!), les fusils en faisceaux, durant le jour et la nuit, sans rien savoir de la bataille mémorable qui se livrait à Waterloo.* »

Avec quelle intention Wellington isola-t-il ce corps d'armée à Halle? Voilà une question qu'il est très-difficile de résoudre sans diminuer quelque peu l'estime pour les talents de ce général.

Il paraît que Wellington n'avait pas saisi la portée des opérations de Napoléon; que pour lui la tactique de son grand adversaire était restée inconnue. Concentrer ses forces et attaquer une faible partie des forces dispersées de l'ennemi; les percer et les diviser; attaquer et battre séparément et successivement chacune de ces parties avec une forte supériorité: tous ces traits caractéristiques des campagnes de Napoléon, Wellington ne paraît pas en avoir eu l'idée.

On croirait que Wellington s'est imaginé que Napoléon entrerait en Belgique sur plusieurs points à la fois, et qu'il chercherait moins à battre l'armée des alliés qu'à s'emparer de Bruxelles, la capitale. Par-là Wellington songea moins à concentrer son armée et à assurer sa jonction avec Blücher, qu'à arrêter Napoléon quelque direction qu'il prît, et surtout à couvrir Bruxelles, dont la conservation était d'une importance majeure aux yeux du général anglais.

Plusieurs endroits de l'ouvrage de S. confirment cette opinion, quelque étrange qu'elle paraisse et quelque peu favorable qu'elle puisse être à la justesse des vues stratégiques de Wellington.

A la page 35 du tome I, se trouvent les instructions secrètes données par Wellington au prince d'Orange, à Hill et à Uxbridge. Elles supposent les cas que l'ennemi s'avance, soit entre la Lys et l'Escaut (!); soit entre la Sambre et l'Escaut; soit sur les deux lignes à la fois (?), et prescrivent comment l'armée devra se concentrer un de ces cas avenant; — la conséquence en est claire comme le jour: on n'a pas pensé à une réunion avec l'armée prussienne.

S. dit (tom. I, pag. 48): «*que Wellington, s'attendant à une attaque du côté de Lille ou de Valenciennes, se gardait bien d'une réunion inconsidérée et précipitée avec Blücher.*» Au contraire, c'était *inconsidéré* de rester séparés.

Et tome I, page 279:

«Le Duc qui, comme il est dit, avait trouvé dès le com-«mencement de la campagne beaucoup de probabilité à ce «que Napoléon viendrait du côté de Mons, craignait tou-«jours que son adversaire ne le tournât par Halle et ne «s'emparât de Bruxelles par un coup de main, aussi y «était-il entièrement préparé ....» — (suivent les ordres donnés le 17 au soir au prince Frédéric et à Colville, de prendre position à Halle).

De tout ceci, et de quelques unes des lettres du recueil de Gurwood, il nous semble qu'on doit conclure que, jusqu'au dernier moment, Wellington craignait surtout que l'armée française ne voulût le tourner pour se rendre maître de Bruxelles. Nous laissons à ceux qui ont étudié les guerres des derniers temps, et spécialement les campagnes de Napoléon, à décider si ceci prouve pour les talents de Wellington comme général.

Mais le 18 au matin, lorsque les deux armées étaient en présence, lorsque Bruxelles ne pouvait plus inspirer de craintes, lorsqu'il était certain que bientôt commencerait la bataille décisive, pourquoi ne pas se faire renforcer sans délai par le corps d'armée du prince Frédéric? Ce corps pouvait encore être rendu à temps sur le champ de bataille, en tout cas avant les Prussiens; et certes dans la dernière période du combat un renfort de 15,000 hommes de troupes fraîches aurait exercé la plus grande influence. Si jusqu'au 18 on avait négligé, et sans nécessité, ce premier principe de la stratégie, de réunir sur le champ de bataille autant de troupes que possible, — le 18 il était temps encore de réparer cette faute; pourquoi donc ce corps ne rejoignit-il pas l'armée? — Voilà une question à laquelle nous cherchons vainement une réponse satisfaisante dans l'ouvrage de S.; et à défaut de cette réponse nous devons nous en tenir à l'opinion, peut-être tant soit peu irrévérente mais certes fondée, que ce corps de 15,000 hommes, qui resta à Halle inactif, sans recevoir des ordres, sans avoir connaissance de la bataille qui se livrait à Waterloo, *fut totalement oublié* par le général en chef de l'armée des alliés. (5)

Nous croyons que ce fut une des plus grandes fautes de Wellington dans cette campagne, que d'isoler et de laisser inactive une aussi forte fraction de son armée; et S., qui n'a pour ce général que des louanges, était obligé de trouver des arguments en faveur de ce fait; — c'est ce qu'il n'a pas fait.

S. défend une autre faute plus grande encore, — celle de laisser les armées dispersées en des cantonnements étendus au moment que Napoléon marchait contre elles; — mais il sera facile de montrer la faiblesse de ses arguments.

La faute était commune à Blücher et à Wellington. Au moment de la marche de Napoléon, l'armée prussienne occupait de larges cantonnements, dont Sombref était le lieu de rassemblement général. Au tome I, page 170—171, S. expose au long que la position de Sombref avait une haute valeur stratégique, qu'elle était le meilleur point de rassemblement pour l'armée prussienne.

Sans suivre l'auteur anglais dans tous ses raisonnements, nous nous bornerons à observer que, par rapport à l'emplacement des différents corps d'armée de Blücher, le 15, le choix de Sombref comme lieu de rassemblement était décidemment mauvais, parce que l'ennemi pouvait y arriver avant les corps de l'armée prussienne. Car il est hors de doute que l'armée française, qui dans la matinée du 15 atteignit déjà la Sambre, qui à 11 heures se vit maître de Charleroi, aurait pu attaquer encore le même jour Blücher à Sombref (avec Napoléon pour général une telle rapidité n'est nullement extraordinaire, on ne peut même la comparer à celle de la célèbre marche de Landshut sur Eggmühl et de là jusqu'à Ratisbonne, le 22 avril 1809). Qu'est-ce que Napoléon aurait trouvé le 15 à Sombref? — Pas la moitié de l'armée de Blücher: le 4e corps (Bulow) ne pouvait y être rendu; le 3e (Thieleman) n'arriva que le 16 vers midi; donc il ne s'y trouvait en ce moment que le 1r corps (Ziethen), et le 2e (Pirch). Le 1r était déjà battu, et en retraite; *la plus grande partie* du 2e arriva dans les environs de Sombref le 15 à 3 heures de relevée, et encore une brigade de ce corps n'atteignit-elle la position que dans la matinée du 16 à 10 heures (S., tom. I, pag. 69). — On voit donc ce qu'il en est des avantages stratégiques de Sombref comme lieu de rassemblement pour l'armée de Blücher; — mais que peut-on attendre de S. en fait de critique!

Les cantonnements de Wellington étaient plus étendus encore, et restèrent tels même après qu'il eut reçu la nouvelle que l'armée ennemie se mettrait bientôt en marche. Nous tâcherons de le démontrer par quelques passages de l'ouvrage de S., qui en même temps prouveront jusqu'à l'évidence que Wellington ne pensait nullement à la réunion des deux armées, et que si dans la journée du 16 une partie de son armée prit position à Quatre-Bras, et fit le premier pas vers cette réunion, ce fut grâce aux bonnes mesures du commandant du 1r corps, le prince d'Orange, et non par suite des ordres de Wellington.

Ici nous rappelons ces instructions secrètes de Wellington du 30 avril, qui se trouvent chez S. à la page 55 du tome I, et ce qui est dit à la page 48 du même volume, de l'attaque au côté de Lille ou de Valenciennes, à laquelle s'attendait le Duc. Ces deux circonstances excluent toute pensée de réunion avec l'armée prussienne. A la page 49 du tome I, il est dit: « *que le 13, les hussards de la légion allemande, qui faisaient partie des avant-postes du côté de Tournay, annoncèrent à Wellington que l'ennemi avait remplacé les postes de cavalerie par des douaniers, de qui ils tenaient que l'armée française se concentrait.* » Cependant Wellington ne changea rien à ses dispositions.

A la page 54 (tome I) il est dit formellement : « *que Ziethen, dont le corps d'armée posté le long de la Sambre, formait l'avant-garde de Blücher, reçut dans la journée du 14 la nouvelle de l'arrivée de Napoléon et de son frère Jerôme à l'armée; et qu'il communiqua* immédiatement *cette nouvelle à Blücher et à Wellington.* — Plus tard *les avant-postes annoncèrent à Ziethen que chez l'ennemi tout indiquait une attaque; il en informa Blücher, qui reçut cet avis dans la soirée du 14 entre 9 et 10 heures.* » — Ainsi ce n'est point Ziethen qui, par manque de vigilance, fut la cause que l'armée française tomba si à l'improviste au milieu des cantonnements des alliés, et quand S. cherche à laver ce général du reproche de s'être laissé surprendre (page 55), il se donne de la peine inutile; ce reproche ne s'adresse pas à Ziethen, mais à Blücher et à Wellington.

Voici ce qu'on trouve aux pages 76—77, (tom. I): «*Il était à peu près 5 heures de l'après-midi du 15 que Wellington, étant à table, reçut avis de la marche de l'armée française.*»

Pas plus tôt? et Blücher en avait déjà la nouvelle le 14 entre 9 et 10 heures du soir.

Page 78 (tom. I), nous lisons en termes précis: «*que d'après les ordres de Wellington les divisions Perponcher et Chassé devaient se concentrer dans la nuit du 15 au 16 Juin à Nivelles, où se rendrait également la division Alten de Braine-le-Comte, mais que ce mouvement* ne serait exécuté que lorsqu'on aurait acquis la certitude de l'attaque de l'ennemi contre l'aile droite de l'armée prussienne, ou contre l'aile gauche de l'armée anglo-néerlandaise.» — De telles dispositions rendaient la réunion à Blücher *impossible* pour le 16, et *très-invraisemblable* pour plus tard; en agissant comme il le fit, Wellington favorisait les projets de Napoléon.

A la page 79 on trouve:

«*Qu'un peu avant 6 heures*[1] (dans la soirée du 15) *le Duc reçut de Blücher de nouveaux avis du passage de la Sambre par l'armée française.*»

Ainsi ce n'était pas là le premier avis de Blücher; quand donc ce premier fut-il reçu?

Et à la page 90:

«*En attendant le prince d'Orange, passant par Nivelles (dans la matinée du 16 à 6 heures), avait dirigé la première brigade de la division Perponcher sous les ordres du général Bylandt sur Quatre-Bras.*»

S. ne dit pas que ce fut sur un ordre de Wellington; car d'après les premiers ordres de ce général la division Perponcher devait se réunir à Nivelles, à commencer dès la nuit du 15 au 16 Juin. — Donc si le 16 il y a eu des troupes à Quatre-Bras ce fut bien sans ordre de Wellington; il faut l'attribuer uniquement au prince d'Orange. (6)

Enfin dans une note détaillée, tome I, page 164 à 169; S. défend Wellington contre le reproche que lui fait Alison dans son ouvrage: *History of Europe*, qu'il s'est laissé surpendre par l'attaque de Napoléon.

Cette défense est riche en absurdités et en faussetés.

Selon S. « *le* 1r *corps d'armée était toujours en état de se réunir à Quatre-Bras*, *car* (qu'on fasse bien attention à cette logique) *Enghien*, *qui était le* quartier général *de sa division la plus éloignée*, *n'est qu'à* 27 *milles anglais de Quatre-Bras*, *et la partie la plus rapprochée des frontières françaises en est à* 33 *milles. Partant le* 1r *corps d'armée pouvait être rendu à Quatre-Bras avant un ennemi égal en nombre.* »

S. se sert d'autres termes, mais son raisonnement est en tout conforme à celui que nous venons de donner. Nous croyons cette assurance nécessaire, car il est presque incroyable que quelqu'un, qui se mêle d'écrire une *histoire militaire*, ignore l'art au point d'avancer que dans de telles circonstances la réunion du 1r corps était assurée. Voici ce qu'on peut y objecter:

1o. Le *quartier général*, Enghien, de la division la plus éloignée, n'est qu'à 27 milles anglais de Quatre-Bras; ce qui ne dit pas que tous les corps de cette division n'en fussent pas à une plus grande distance.

2o. Si les frontières les plus rappochées de la France sont à 33 milles anglais de Quatre-Bras, les extrêmes avant-postes des alliés, au-delà de la Sambre, étaient encore à 10 milles de la frontière (nous suivons toujours les données de S.). Et avait-on des motifs pour adopter comme certain que ces avant-postes auraient connaissance de la marche de l'ennemi, quand cet ennemi serait encore à la distance de dix milles anglais?

3o. Supposé même qu'on se fût aperçu de la marche de l'armée française à 33 milles de Quatre-Bras, que les troupes les plus éloignées du 1r corps n'en fussent qu'à la distance de 27 milles, alors il ne s'ensuit nullement que les troupes pouvaient atteindre Quatre-Bras avant l'ennemi. Ou ne faut-il pas du temps pour porter la nouvelle de la marche de l'ennemi des avant-postes au quartier général; pour envoyer du quartier général aux divers cantonnements l'ordre de se rassembler; pour réunir les troupes dans ces cantonnements? Ou croit-on qu'elles soient prêtes à marcher *quand l'ordre arrive.* Nous demandons pardon de ce que nous devons rappeler ici des principes si simples, connus du plus mince élève d'une école militaire, mais que paraît ignorer quelqu'un qui se pose en historien militaire.

Il suit de tout ceci, que la réunion du 1r corps à Quatre-Bras n'était rien moins qu'assurée. Mais sur quoi se fonde S. quand il attribue à Wellington l'intention d'y réunir ce corps? — Il est vrai qu'il parle *« d'instructions particulières données par Wellington au prince d'Orange; »* mais ces instructions ne se trouvent nulle part, et tout ce que S. en dit, c'est *« qu'elles prescrivaient d'observer les mouvements de l'ennemi du côté de Binche. »* — Ces instructions particulières (dont l'existence est si douteuse et le contenu pour nous une énigme) ne prouvent donc pas que Wellington voulait réunir le 1r corps à Quatre-Bras; tandis qu'on peut *prouver jusqu'à l'évidence*, par les ordres cités plus haut, que l'intention du général anglais était d'effectuer cette réunion non pas à Quatre-Bras, mais à Nivelles.

A qui donc attribuer cette réunion à Quatre-Bras? Sans aucun doute elle fut l'ouvrage du commandant de ce corps, du prince d'Orange. A lui appartient l'honneur d'un mouvement qui eut une influence si importante sur le cours des opérations ultérieures; et nous donnons à juger combien sont injustes les reproches, et les fades railleries que se permet l'auteur anglais à l'égard de ce Prince!

S. est malheureux quand il cite des nombres: presque toujours ils sont en contradiction avec ses raisonnements. C'est ainsi qu'il dit: *« qu'avec plus de vigilance, les différentes parties du 1r corps auraient pu se mettre en marche pour Quatre-Bras le 15 à deux heures et demie ou à 5 heures de relevée, et qu'elles pouvaient y être rendues* avant la nuit » (tom. I, pag. 166); — et par-là S. entend avant neuf heures et demie du soir, d'où il suit que les troupes les plus éloignées auraient exécuté cette marche en sept *heures de temps.* — Voyons en combien ceci s'accorde avec les faits.

Le 15 à 10 heures du soir Wellington envoie à la division Cooke l'ordre de se réunir à Braine-le-Comte (S. tome I, page 80). Nous ne trouvons pas *quand* il lui fut ordonné de pousser jusqu'à Quatre-Bras; mais il est dans la nature des choses que ces deux ordres se sont succédé à peu d'intervalle; en outre cette division avait reçu quelques heures plus tôt l'ordre de se rassembler et de se tenir prête (S. tom. I, pag. 78); à la rigueur elle aurait donc pu se mettre en marche dans la nuit. Supposons toutefois qu'elle ne se soit mise en route que le 16 à 4 heures et demie du matin, alors il s'ensuit que, puisque la division Cooke n'arriva à Quatre-Bras que vers 6 heures et demie du soir (tom. I, pag. 151), elle a employé à cette marche *quatorze heures*; donc *le double du temps* que vient d'indiquer S. — Ces malencontreux chiffres qui se mettent toujours de la partie!

Si S. nous objecte que la division Cooke, dirigée sur Braine-le-Comte, s'y sera arrêtée, que plus tard elle aura reçu l'ordre de poursuivre la marche jusqu'à Quatre-Bras, — nous lui dirons que ceci n'est pas probable. Car, Wellington aurait-il tardé à réunir son armée alors que l'attaque de l'armée française était imminente, et que S. lui-même impute à l'un des généraux de n'avoir pas pris sur lui cette réunion?

Par cette digression, peut être-un peu trop étendue, nous nous flattons d'avoir établi deux vérités: que la réunion, même d'une partie de l'armée de Wellington (le 1r corps d'armée) à Quatre-Bras *n'était nullement assurée;* que Wellington n'a pas ordonné cette réunion, et qu'on la peut attribuer exclusivement au prince d'Orange.

S. avance plus loin: « *que la perte de Quatre-Bras était sans conséquence pour les alliés, puisque l'armée de Wellington aurait pu se réunir soit à Nivelles soit à Genappes;* » — tout comme si des ordres de la nature de ceux dont il est question sont expédiés, reçus et exécutés en un clin d'oeil! — Comme si de tels mouvements ne demandent pas un temps considérable dont l'ennemi profite aussi ! — Comme si le désordre ne se met pas facilement parmi des troupes qui *en différentes directions* se concentrent sur un point qu'elles trouvent occupé par l'ennemi ! Mais supposons cette réunion à Nivelles ou à Genappes effectuée sans pertes considérables, alors on était loin de l'armée de Blücher, et la jonction des deux armées aurait été en tout cas une chose difficile, et même *impossible* le 16.

Cette séparation des deux armées, au moment de la marche de l'armée française, était le plus grave inconvénient des cantonnements étendus des alliés. Wellington et Blücher pouvaient peut-être réunir séparément leurs armées (ce qui suppose encore une grande lenteur dans l'ennemi); mais opérer leur jonction avant l'arrivée de cette ennemi, il n'y avait pas à y penser. Ces cantonnements étendus voilà la *plus grande faute* des deux généraux alliés dans cette campagne; réunis, ils ôtaient à l'armée française toute chance de les battre; séparés, ils lui donnaient la chance de pouvoir les vaincre séparément. Le reproche d'Alison est donc fondé, et un laïque en fait de guerre à fait preuve de plus de perspicacité que quelqu'un qui par sa position devait en savoir davantage.

Voilà maintenant notre tâche achevée. En procédant analytiquement nous avons essayé de démontrer combien sont nombreuses les défectuosités, les imperfections de l'ouvrage de S.; combien cet ouvrage repond peu à ce qu'on attend d'une composition historique. C'est un ouvrage écrit avec legéreté, sans amour de la vérité; dont le style est indigne de l'histoire; qui fourmille d'inexactitudes et de fautes; qui à chaque pas fournit la preuve que l'auteur ne possède pas son sujet, qu'il n'a pas les connaissances qu'exige une histoire militaire. C'est une compilation de témoignages diffus, que rien ne confirme, faite sans discernement; composée sans la moindre bonne foi; écrite dans l'intention manifeste de se faire l'apologiste d'une nation, peut-être même d'un parti; calomnieuse et diffamante à l'égard d'un peuple allié et ami, calomnieuse et diffamante sans rime ni raison; — c'est encore pis qu'un *mauvais livre*, c'est une *mauvaise action*.

Nous croyons avoir rempli un devoir en réfutant un pareil ouvrage. Nous reconnaissons que nous n'y avons pas toujours mis le calme et la modération nécessaires; mais le pouvions-nous tandis que la main tremblait d'indignation en transcrivant les accusations déshonorantes contre nos compatriotes! Nous reconnaissons que notre langage n'est pas fait pour éveiller des sentiments d'amitié envers l'Angleterre; mais pouvions-nous faire autrement? — Certes on fait mal en attisant la haine entre deux peuples, mais le mal serait beaucoup plus grave encore quand on laisserait fouler inpunément aux pieds ce qu'un peuple a de plus cher, de plus sacré. « *Vingt-huit années*, » dit l'auteur anglais, « *forment un espace de temps suffisant pour qu'on puisse sacrifier la sensibilité de quelques personnes à la vérité historique;* » — lieu commun qui ne prouve rien! Les officiers néerlandais dont quelques uns ont pris part à la campagne de 1815; dont plusieurs comptent des pères, parents ou amis parmi les acteurs et les victimes de ce drame sanglant; qui tous voient en eux des compatriotes, des frères d'armes; — *jamais* ces officiers ne resteront indifférents quand on attaque l'honneur de l'armée qui combattit en 1815; et les Néerlandais abdiqueraient toute gloire nationale en souffrant que l'étranger leur enlève des lauriers si justement acquis. Nous ne sommes qu'une nation faible en comparaison de l'Angleterre, mais notre histoire ne donne pas à la fière Albion le droit de nous mépriser. Pour s'en convaincre, on n'a pas à remonter jusqu'à l'époque héroïque de notre histoire; — il n'y a pas un demi-siècle que dans la Nord-Hollande nos pères ont remporté des victoires sur les armées anglaises; — leurs fils aspirent à prouver qu'ils ne sont pas dégénérés.

Janvier 1847.

NOTES.

(1) Puisque nous avons pris autant que possible nos matériaux dans l'ouvrage même de S., nos raisonnements sont souvent fondés sur les données de cet ouvrage. Cependant il faut que nous fassions observer ici que d'autres auteurs ne parlent pas de cette *seconde* charge de la brigade Van Merlen.

(2) Dans le rapport du duc de Wellington, concernant la bataille de Waterloo, il est fait mention honorable du général Trip. Toutefois en réfutant les accusations de S. nous n'avons pas invoqué cette circonstance, parce qu'en général nous n'avons pas trop de confiance dans l'exactitude de semblables rapports; et nous croyons que les pertes des différents corps prouvent beaucoup mieux la conduite qu'ils ont tenue.

(3) On trouve des particularités importantes relatives à la blessure du prince d'Orange dans les mémoires pour servir à l'histoire militaire de Napoléon Bonaparte par Van Löben Sels (tom. IV, pag. 628 et 629); ouvrage qui a le grand mérite d'être clair, détaillé et impartial dans le récit des faits d'armes des Néerlandais pendant les dernières guerres de la Révolution.

(4) On sait que le général Chassé, voyant que le duc de Wellington n'avait fait aucune mention de la 3e division néerlandaise dans l'ordre de l'armée concernant Waterloo, s'adressa à ce sujet au général lord Hill. Nous allons faire suivre sa lettre, datée de Bourget, le 5 juillet 1815, ainsi que la réponse de lord Hill, datée de Paris le 11 juillet 1815.

« Ce n'est que depuis hier que j'ai lu le rapport que S. Exc. le duc de Wellington a fait au sujet de la bataille du 18 passé. Ce jour-là j'avais l'honneur de servir avec ma division sous les ordres de Votre Exc. Comme il n'y est fait aucune mention de cette division, je dois présumer que sa conduite doit avoir entièrement échappé à l'attention de Votre Exc., en faisant son rapport au duc de Wellington. Je me trouve donc dans la dure nécessité d'exposer moi-même à Votre Exc. le fait tel qu'il a eu lieu, et la part que je crois que ma division a eue dans le succès du jour.

Vers le soir, voyant que le feu de l'artillerie de droite ralentissait, je m'y portai pour en savoir la cause; je fus informé que les munitions y manquaient; je voyais très-distinctement que la garde française faisait un mouvement vers ces pièces; prévoyant les conséquences, je fis avancer mon artillerie jusque sur la hauteur, et j'ordonnai de soutenir un feu des plus vifs; en même temps, laissant la 2e brigade commandée par le général-major d'Aubremé en réserve, ayant formé deux carrés placés en échelons, je formai la 1e brigade commandée par le colonel Detmers, en colonnes serrées et chargeai la garde française. J'eus le bonheur de la voir replier devant moi. Par délicatesse je ne fis pas rapport de ce fait, entièrement persuadé que Votre Exc. en ferait mention dans le sien, et cela avec d'autant plus de confiance que Votre Exc. m'a honoré, deux jours après la bataille (étant alors à Nivelles), du témoignage de son contentement tant de la conduite de mon artillerie que de celle de mon infanterie; mais voyant mon erreur, je croirais manquer à mon devoir envers les braves que j'ai eu la satisfaction de commander et même à toute ma nation, si je ne tâchais pas de remédier à cette omission en priant Votre Exc. de vouloir bien rendre à ces braves troupes la justice que je suis persuadé qu'elles ont méritée; elles attachent trop de prix, et sont trop sensibles à l'honneur d'avoir contribué à une si glorieuse victoire, etc., etc. »

Voici la réponse de S. Exc. le lieutenant-général Hill.

Monsieur le Général!

J'ai l'honneur d'accuser la réception de votre lettre du 5 de ce mois, laquelle ne m'est parvenue que hier.

Dans le rapport que j'eus l'honneur de faire à son Excellence le duc de Wellington de la bataille du 18 juin, je fis mention particulière de la conduite de votre division pendant cette journée, et je ne manquai pas de remarquer qu'elle se mit en mouvement pour repousser l'attaque de la garde impériale française. *Malheureusement le rapport de S. Exc. le duc de Wellington était déjà envoyé à Londres avant l'arrivée du mien;* cependant je suis bien assuré que S. Exc. est informée de la belle conduite des troupes sous vos ordres dans cette glorieuse journée, et je vous prie, monsieur le général, d'être persuadé qu'il me fera toujours grand plaisir de témoigner comme j'en suis sensible.

Agréez, monsieur le général, les assurances de la haute considération, avec laquelle j'ai l'honneur d'être

Votre très-obéissant serviteur,

(signé) HILL,

général.

(5) Une personne instruite nous a fait l'observation « que s'il y a « lieu de soupçonner que Wellington a oublié le corps du prince Fré« déric à Halle, ce soupçon n'est cependant pas prouvé. » Mais nous

le demandons : quand un général d'armée laisse un corps de 15,000 hommes de 11 à 17 kilomètres d'un champ de bataille où sa présence pouvait être, et était véritablement de toute nécessité par suite des circonstances ; quand ce corps reste là inactif, sans but, sans utilité, ne reçoit durant tout le jour de la bataille ni ordres ni renseignements ; quand on ne peut trouver à cet acte aucune raison plausible ; quand même les plus grands admirateurs de Wellington ne l'ont jamais expliqué ; nous le demandons : ne sont-ce pas là des motifs suffisants pour qu'on puisse considérer cet acte de Wellington comme un oubli, comme une distraction de chef d'armée ?

(6) La vérité nous force de dire, que le commandant de la 2e division néerlandaise, le lieutenant-général de Perponcher, avait ordonné d'abord, et nonobstant d'autres ordres qu'on se maintînt à Quatre-Bras ; cependant le prince d'Orange, en approuvant aussitôt ces dispositions, en fit par conséquent les siennes (qu'on consulte à ce sujet Van Löben Sels, tom. IV, pag. 451 à 463, et pag. 502 à 509).

www.ingramcontent.com/pod-product-compliance
Lightning Source LLC
LaVergne TN
LVHW020451230826
846091LV00004B/1649
9782013587273